CAMBRIDGE LIBRARY COLLECTION

Books of enduring scholarly value

Travel and Exploration

The history of travel writing dates back to the Bible, Caesar, the Vikings and the Crusaders, and its many themes include war, trade, science and recreation. Explorers from Columbus to Cook charted lands not previously visited by Western travellers, and were followed by merchants, missionaries, and colonists, who wrote accounts of their experiences. The development of steam power in the nineteenth century provided opportunities for increasing numbers of 'ordinary' people to travel further, more economically, and more safely, and resulted in great enthusiasm for travel writing among the reading public. Works included in this series range from first-hand descriptions of previously unrecorded places, to literary accounts of the strange habits of foreigners, to examples of the burgeoning numbers of guidebooks produced to satisfy the needs of a new kind of traveller - the tourist.

Viaggio di Lionardo di Niccolò Frescobaldi in Egitto e in Terra Santa

The Florentine nobleman Leonardo Frescobaldi (*fl.* 1384–1405) travelled with two compatriots, and at the urging of the king of Naples, to the Holy Land in 1384–5, and he wrote this account on his return. It was published in 1818 by the librarian of the Barberini Library in Rome, Guglielmo Manzi (1784–1821), who prefixed to his edition an essay (also in Italian) on the activities of Italian merchants abroad in the fourteenth century. Frescobaldi and his companions went first to Venice, whence they sailed to Alexandria in Egypt, in order to visit St Catharine's monastery on the way to Jerusalem. Frescobaldi describes the churches and holy places in great detail, and then describes their route home, via Damascus and Beirut, thence by ship (and after enduring a terrible storm) to Venice. Frescobaldi's lively curiosity about everything he saw makes this account of his pilgrimage a fascinating read.

T0382150

Cambridge University Press has long been a pioneer in the reissuing of out-of-print titles from its own backlist, producing digital reprints of books that are still sought after by scholars and students but could not be reprinted economically using traditional technology. The Cambridge Library Collection extends this activity to a wider range of books which are still of importance to researchers and professionals, either for the source material they contain, or as landmarks in the history of their academic discipline.

Drawing from the world-renowned collections in the Cambridge University Library, and guided by the advice of experts in each subject area, Cambridge University Press is using state-of-the-art scanning machines in its own Printing House to capture the content of each book selected for inclusion. The files are processed to give a consistently clear, crisp image, and the books finished to the high quality standard for which the Press is recognised around the world. The latest print-on-demand technology ensures that the books will remain available indefinitely, and that orders for single or multiple copies can quickly be supplied.

The Cambridge Library Collection brings back to life books of enduring scholarly value (including out-of-copyright works originally issued by other publishers) across a wide range of disciplines in the humanities and social sciences and in science and technology.

Viaggio di Lionardo di Niccolò Frescobaldi in Egitto e in Terra Santa

Con un Discorso dell' Editore Sopra il Commercio degl' Italiani nel Secolo XIV.

LEONARDO FRESCOBALDI

CAMBRIDGE UNIVERSITY PRESS

Cambridge, New York, Melbourne, Madrid, Cape Town,
Singapore, São Paolo, Delhi, Tokyo, Mexico City

Published in the United States of America by Cambridge University Press, New York

www.cambridge.org
Information on this title: www.cambridge.org/9781108042239

This edition first published 1818
This digitally printed version 2012

ISBN 978-1-108-04223-9 Paperback

VIAGGIO

di

Lionardo di Niccolò Frescobaldi

Fiorentino

IN EGITTO E IN TERRA SANTA

Con un discorso dell'Editore

sopra il Commercio degl'Italiani

nel Secolo XIV.

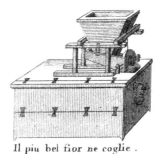

Il piu bel fior ne coglie .

ROMA MDCCCXVIII.

Nella Stamperia di Carlo Mordacchini

Con Licenza de' Superiori.

AL CHIARISSIMO E NOBILISSIMO
SIGNOR CONTE

GIULIO BERNARDINO TOMITANO
OPITERGINO

GUGLIELMO MANZI

BIBLIOTECARIO DELLA LIBRERIA BARBERINA.

Io molte volte ho pensato, magnifico
e gentilissimo Signor Conte, cosa da me
potesse farsi per dimostrarvi quanto io vi
sia buon servidore ed amico, e non ho
trovato invero mai cosa per le scarse qualità mie in che io potessi valere, e che
convenevole fosse alle rare vostre virtù.
Per lo che io mi vivea col rincrescimen-
to di rimanermi sempre vostro debitore,
e saria cio lunga pezza durato, se do-
vendo mandare in luce questa piccola ope-
ricciuola, non mi fosse tornato in mente
l' amore che voi portate alla nostra lingua Toscana, nella quale sì valoroso scrit-

tore vi fate conoscere, quale il mondo vi
ammira ed applaude. A Voi adunque pre-
sento ed intitolo questo libricciuolo, il
quale oltre al Viaggio del Frescobaldi contiene un mio discorso assai breve sopra il
Commercio degli Italiani nel Secolo XIV,
che fatto già da me e qualche anno, non
avria veduto la luce, se sembrato non mi
fosse riunirlo al presente Viaggio, nel
quale come vedrete si tratta pure alcuna
cosa del Commercio Italiano. È questo
Viaggio tratto dal Codice 932. di questa
Biblioteca Barberina, scritto ne' principj
del Secolo XV da persona assai accurata
ed intelligente, e contiene medesimamente altre opere tutte pregevoli e del
buon Secolo e citate dagli Accademici
della Crusca come testi di lingua, come
si è pure il presente, che trovasi citato nel
Vocabolario col titolo di *Viaggio al Monte
Sinay*, differentemente da quello, che mi
è piaciuto di porgli, il quale come ognun
potrà scorgere adattasi meglio alla ma-

teria che vi si tratta. Nel Codice Barberino ha il seguente titolo. „ *Questi viaggj e cerche che appresso diremo feciono i nobili uomini, Lionardo di Niccolò Frescobaldi, Giorgio di Messer Guccio di Dino Gucci, Andrea di Messer Francesco Rinuccini I quali tutti a tre, insieme a una spesa presono a meritare i detti perdoni nell' anno mille trecento ottantaquattro. E per lo detto Lionardo di Niccolò Frescobaldi fu scritto, e fatta la detta seguente memoria di tutti e' paesi, e terre, e' casi che trovarono, e che avvenne loro dal dì che si partirono di Firenze, insino al dì che in Firenze tornarono. Ed io qui appresso scriverò come per lo detto Lionardo fu scritto e fatta memoria di tutte le sopradette e seguenti cose e cerche, parlando in persona di detto come siegue appresso. „* Non ritrovasi dipoi questa intitolazione, e non vi è che *Viaggio di Lionardo Frescobaldi in Terra Santa* in altro manoscritto di scrittura del Secolo XVI tronco e mancante in più luoghi, il quale io acquistaimi in Firenze sono due anni aggiunto ad un Volume de' Viaggj del Ramusio della Edizione dei Giunti Nella parte conservata mi ha pure assai giovato questo moderno scritto, e spezialmente in un luogo, ove oscurissima riusciva la lezione del Codice Barberino Altri Codici di questa opera debbono anche esistere in Firenze, ed uno colà ne possiede assai antico nella privata sua Biblioteca il nobilissimo Cavaliere Signor Priore Leopoldo Ricasuoli, uomo che alle più nobili doti dell'animo, ed allo splendore della sua antica Famiglia unisce non comune sapere, caldissimo amore alla patria lingua, e cortesia generosa verso le persone d'ingegno. Avrei potuto ottenere da questo ottimo Cavaliere ben di leggieri un confronto col suo Codice, ma la lezione del Codice Barberino come vedrete non ne

abbisogna, essendo purissima, ed io son
nimico dei confronti, perocche adoperan-
dosi tali mezzi si stampano i capriccj
dell'editore, e non la mente di chi scris-
se Quanto alla bellezza ed alla purita
dello scritto, non occorre che ve ne faccia qui encomj, perocchè vi ritroverete
una semplicita ed un candore tutto suo,
ed uno stile piano e soave, facile e naturale, senza ornamento e pieno di vocaboli e modi leggiadrissimi, che mo-
strano ognuno da per se una particolare bellezza, senza che vi si scorga che
v'abbia posto l'autore in iscriverlo la mi-
nima baldanza. In molte cose che si descrivono sembra diverso dalle relazioni
de' piu diligenti Viaggiatori, che abbiamo modernamente, ma ciò non possiamo dipoi affermare con sicurtà, perocchè puo avvenire benissimo che tali fossono le cose quali esso allora ce le de-
scrive. Senza perciò fare sù ciò lunghi
comenti, che stancano ed annojano i let-

tori, mi è bastato di notare infine le cose più rilevanti, ed alcuni avvertimenti
di lingua. Quanto poi alla persona dell'
Autore e de' suoi compagni furono tutti
riputatissimi cittadini di Firenze, e vi
notero qui brevemente le poche notizie,
ho ricavato di essi da una Raccolta antica di varie cose spettanti a Firenze,
tratte dall' Archivio delle Riformagioni di
detta Città, che si conserva in questa Biblioteca Barberina. Il primo pertanto di
essi Lionardo di Niccolo Frescobaldi di-
scendea da una antichissima Famiglia Fiorentina, ed è questa assai benemerita delle Lettere Italiane per avere quel Dino
di Messer Lambertuccio antico Rimatore
conservati come narra il Boccacci i primi sette Canti della Divina Commedia,
i quali poi riavendo Dante seguito il suo
maraviglioso Poema. Era la Famiglia dei
Frescobaldi degli antichi nobili di Firenze, e come tale esclusa da ogni ufficio
nella Repubblica, essendo però stato que-

sto Lionardo uno dei **XX** Grandi che furono fatti di popolo l'anno 1379. non gli
mancarono onorevoli incarichi del suo Comune E difatti dopo esser stato l'anno 1385. Podesta di Città di Castello fu
l'anno 1390. mandato dalla Signorìa a
pigliar possesso di Montepulciano che si
era dato alla Repubblica. Fu dipoi Ambasciadore in Roma l'anno 1398. al Pontefice Bonifacio **IX**, e combatte valorosa-
mente contro i Pisani all'assedio di quella città ; e dopo quell'epoca non si fa
di lui altro ricordo . Giorgio Gucci era
di una famiglia popolana assai riputata,
ed il padre di lui Guccio di Dino fu uno
de' più onorati e grandi uomini di Firenze, stato essendo Gonfaloniere di Giustizia l'anno 1369., Ambasciadore piu volte del Comune, ed uno degli otto della
guerra nel 1379., i quali da quel Magistrato riportarono onore e fama grandissima ; e l'Ammirato ha lasciato di esso
un bell'elogio nel Lib. **XIV** delle Storie

x

Fiorentine, dicendo che sapendosi in Firenze da Giovanni Aguto Condottiero di ventura, che tramavasi contro lo Stato una Congiura assai rilevante, e promettendo l' Aguto manifestarla a condizioni assai stravaganti, dubitava la Signoria di tradimento ed avea ancor sospetto l'Aguto, talche dopo matura considerazione *elesse il più leale uomo di tutta la città Guccio Guccj stato gia degli otto della guerra*; ed aggiunge, *che fu in lui considerato oltre la lealtà, l' avere grandissime ricchezze, e l'essere stimato savio e prudente nelle azioni del mondo*. Questo suo figliuolo non vi è ricordo che esercitasse pubblici uffic̦j d'importanza. Di Andrea di Tomaso Rinuccini non ho trovato memoria, ed e per avventura che essendo egli di famiglia ammonita, cioè di coloro che non poteano avere uffic̦j, non è ricordato il suo nome. Questa famiglia nondimeno è delle antiche e riputate di quella città. Queste poche cose ho voluto

notare, per dimostrare che furono questi a' tempi loro uomini di valore e di
conto, e che non eran capaci di scriver
fole o romanzi, come a taluni venisse
talento presumere.

Eccovi quanto in brevità mi occorre
dirvi sopra il merito di questo scritto e
dell'autore ; ora tornandone a Voi, sarebbe per verità questo il luogo di cele-
brare le vostre lodi, ma siccome il ra-
gionarne non è impresa di breve lettera,
e mai sazia se ne vedrebbe la penna
mia, così e meglio che io vi riverisca
tacendo, che parlandone ne dica poco o
rozzamente. E dirò questo solo che ora
che l'Italia meglio informata di quello
non fu ne' passati secoli onora il trecento, e que' soli grandi Scrittori riconosce
per padri e maestri di ogni vera eloquenza, l'offrire a voi simili opere che ne
siete giustissimo apprezzatore è per me
somma ventura, perocchè potrete anche
difenderla dai morsi di quei bassi e vi-

lissimi ingegni ,, *che irriverenti a tanti ed a tai padri* ,, osano indegnamente di bestemmiarli. Nè è meraviglia che scrittori venali e plebei sieno a ciò mossi, mentre invidiano in altrui quella altezza d'ingegno, a cui non possono essi aggiungere, e si accorgon bene, che conoscendosi dal Pubblico i veri modi della Italiana Eloquenza si rimangano essi colle beffe e col danno. Si danno perciò alle lodi degli Stranieri, ci deridono come cianciatori vani di nullità, e ciò che non è giammai accaduto e non accade in veruna nazione accade in Italia, dove tal razza di serpenti volgendosi sceleratamente contro la patria, ne deride la lingua, i costumi, e perfino gl'instituti più sacri. Ma lasciamo che il pubblico dispregio faccia delle ciancie di simili abbajatori quell'onore si meritano, ed accenniamolo soltanto, perchè i pieghevoli intelletti della piu parte delle persone, non lascino soprafarsi da tali scritti, che so-

glionsi per lo più frequentemente leggere
ne' caffè e ne' ridotti avanti passino ad
usi più vili . Voi intanto accogliete questa mia fatica lietamente, come vivo certo
farete per la cortesìa vostra, e con essa
donandovi pure me stesso, con affetto di
riverenza mi v'offero e raccomando.

DISCORSO

SOPRA

IL COMMERCIO DEGLI ITALIANI

NEL SECOLO XIV.

*T*ucidide Scrittore Greco nel proemio della sua Istoria, discorrendo le cagioni, che poderose rendettero alcune Greche città (1)., saviamente ne trae argomento dall' essersi quelle esercitate ne' traffici della mercanzia. Nè a parer mio mal si appone in così giudicare quel savissimo uomo, perocchè dal commercio ne vengono alle nazioni beni grandissimi, e quando le città che lo esercitano rette sono da buoni ordini, ne siegue sempre che i cittadini si vivano in felice stato. E benchè ci sia noto per le Istorie, che la più parte dei popoli mercatanti, corrotti dalle ricchezze e dal lusso a lungo andare mal capitarono ed assoggettati furono da popoli guerrieri, dobbiamo credere, o che non valessero i loro ordini, o che dal tempo fossono deboli e guasti. Ci provano ciò verò la Grecia e Cartagine soggiogate dai Romani, quando dimentichevoli dell'antica virtù tra-

A

(1) Per testimonio di Omero troviamo il Commercio presso i Greci antichissimo, e fino

scurarono ogni buon ordine antico , e le mo-
derne nostre Italiane Repubbliche , le quali al-
lora si spensero , quando coll'accrescimento del

---

dai tempi della Guerra di Troja così ce lo de-
scrive nel VII. dell' Illiade .

Νηες δ' εκ Λημνοιο παρεςαςαν , οινον αγυσαι
Πολλαι , τας προεηκεν Ιησονιδης Ευνηος

. . . .

E più sotto

. . . .

Ενθεν αρ οινιζοντο καρηκομοωντες αχαιοι
Αλλοι μεν χαλκω, αλλοι δ αιθωνι σιδηρω,
Αλλοι δε ρινοις, αλλοι δ αυτοισι Βοεσσιν,
Αλλοι δ'ανδραποδεσσι .

,, Barche da Lemno vennero , di vino
,, Parecchie , da Eunao di Giasone
,, Spedite . . . .
,, ... Or quindi adunque
,, I ben chiomati Achei il vin compravano ,
,, Altri con armi , altri con negro ferro ,
,, Quali con cuoja , quali co' bovi stessi ,
,, Altri con schiavi . . . . . .
                                Salvini .

le ricchezze venne meno ne' cittadini il valore
e la virtù militare , e che non più nelle propie
armi , ma nelle mercenarie affidate , dieronsi
in balìa a' potenti ed agli stranieri che ne di-
venner tiranni . La salute dei Regni e delle
Repubbliche dipende dalla prudenza e virtù de'
cittadini che governano , e dalle stesse cause
nasceranno sempre gli stessi effetti , lo che ci
sarà chiaro dalle azioni di queste nostre Repubbliche . Imperocchè considerandole ragionevolmente , siccome l' Egitto dai Re di Persia ,
Tiro da Alessandro , la Grecia e Cartagine
dai Romani , vedremo così pure Amalfi , Napoli e Gaeta , domate e vinte dai Pisani cede-
re ad essi il dominio del mare , inviliti questi
dal giogo della tirannia cader schiavi dei Fiorentini , Firenze infine dopo esser stata per ben
tre secoli lo splendore d' Italia venir meno ancor essa , Genova or schiava ed or libera secondo virtuosi n' erano i cittadini , e Venezia
dato avendo di sè al mondo un grande spet-
tacolo , governata da cittadini vili e dappoco
spegnersi essa pure con fine quanto più tarda
altrettanto più indegna e vituperosa .

 L' Italia avanti fosse assoggettata ai Romani divisa era tra nazioni d' indole , di lin-

gua , e di costumi diversi . Che che si vanti
della civiltù e della potenza degli antichi Etru-
schi , non rimangonci di essi che vaghe memorie , e da queste estimar solo possiamo , che
governati eran quei popoli da ottimi ordini
Non trovo scritto , ne vi ha ricordo , in quali
navigazioni ed in quali commercj si esercitas-
sono , nè è sì leggieri cercarlo in antichità sì
rimota (1) . Possiamo nulladimeno indurci a

---

(1) Per quanto puo ragionevolmente con-
ghietturarsi , sembra che questi popoli fossero
navigatori per appellarsi amendue i mari d'I-
talia co' loro nomi , il primo Tirreno da uno
de' loro antichi capi di colonia , ed il secondo Adriatico da Adria loro Colonia . Dionigi
d' Alicarnasso ce ne dà pure qualche cenno
nel Lib. VI. facendo dire a Lucio Giunio Bruto nella sua diceria in favore del popolo riti-
rato sul monte sacro ,, Τυρρηνιαν απασαν εις δωδεκα
νενεμημενην ηγεμονιας και πολλη μεν τη κατα γην . πολλη
δε τη κατα Θαλατταν δυναστεια περισισιαζυσαν , τινες ησαν οι
σιγκατακτησαμενοι και ποιησαντες αυτην υμιν υπηκοον .
,, La Toscana intiera in dodici provincie divisa ,
,, per ogni dove potentissima in mare ed in ter-

credere essere il commercio in Italia stato antichissimo dalla posizione istessa di essa, che
bagnata per ogni dove dal mare, offrono le
sue coste e golfi, e porti, e seni alla naviga-

„ ra, chi furono coloro ohe la combatterono,
„ e la obbligarono a temervi? „ Ed altrove nel
libro IX. ce lo mostra un popolo amante dei
commodi, e pieno di lusso, il quale non di-
menticava le delizie perfino nella guerra. Αβρο-
διαιτον γαρ δη και πολυτελεξ το των τυρρηνων εθνος ην, οικοι
τε και επι στρατοπεδου, επεραγομενον εξω των αναγκαιων πλυ-
του τε και τεκνης εργα παννοια προς ηδονας μεμηκανημενα
και τρυφχς „ Imperocchè il popolo Etrusco era
„ magnifico e delicato nel vivere in guerra ed
„ in pace, ed oltre il necessario portavasi
„ fuori quantità di masserizie ricche e prezio-
„ se per uso di sue mollezze. „
Altro cenno ce ne dà pure Dionigi preallegato nel Lib. III. ove parla dell' origine di
Tarquinio. Κορινθιος τις ανηρ ονομα Δημαρατος, εκ της
Βαχκιαδων σιγγενειας εμπορευθαι προελομενος επλευσεν εις Ιτα-
λιαν ολκαδα τε οικειαν αναγων και φορτον ιδιον. Εξεμπο-
λησας δε τον φορτον εν ταις των τυρρηνων πολεσιν ευδαιμο-
νησαις μαλιστα των εν Ιταλια τοτε, και μεγαλα κερδη πε-

*zione adattissimi . I popoli che già abitarono le
marine del Regno di Napoli , e che eran ve-
nuti di Grecia , sappiamo per testimonio degli
Storici , che ricchi erano e procaccianti in fatto di mercanzia   Possedeano città fioritissime ,
abbondevoli di delizie e di commodi , e dalla
navigazione e dal commercio rendute erano quelle coste la più dilettevole parte d'Italia . Quando i Romani s' impossessarono di quelle pro-*

ριβαλλομενος εκιθεν , ουκ ετι εις αλλοις εβυλετο καταγεσθαι
λιμενας , αλλα την αυτην ειργαζετο συνκως θαλασσαν , ελλη-
νικον τε Φορτον εις τυρρηνοις κομιζων και τον τυρρηνικον εις
την Ελλαδα Φερων . Και γινεται πανυ πολλων χρηματων
κυριος . ,, Un uomo di Corinto appellato Demara-
,, to della famiglia Bacchìada per cagione di
,, traffico navigò verso Italia con un proprio
,, naviglio carico a suo conto. Spacciata la mer-
,, canzia nelle città Etrusche , allora di ogni al-
,, tra d'Italia più floride , e trattone gran gua-
,, dagno , non si curò di provare in altri por-
,, ti , ma continuamente pratticando quel mare ,
,, portava le mercanzie di Grecia agli Etru-
,, schi, e quelle dell' Etruria a' Greci , talchè
,, divenuto ricchissimo etc. ,,

vincie, decaddero esse dall' antico loro splendore, e colla libertà parve spento in quei popoli l' amore alla navigazione ed a' traffichi. Il
popolo di Roma fiero ed orgoglioso, nato e
cresciuto nella violenza e nelle armi non cono-
scea che la guerra, e riputando di questa infuori indegna di lui ogni altra faccenda dispreg-
giò il commercio, e lo vietò a' nobili cittadini (1). Nè fu giammai tratto in diversa opinione sù ciò, e nel maggior fiorire della Repubblica, mentre i cittadini più valorosi e più
nobili non vergognavano d'impacciarsi in usure

_____

(1) Sono noti quei sublimi versi di Vir-
gilio, ne' quali sì bene descrivesi l' indole di
questo popolo

Tu regere Imperio populos, Romane memento
Hæ tibi erunt artes . . . . . .

A' senatori Romani era proibito per legge di
avere alcun legno in mare, il quale fosse ca-
pace di più di quaranta moggia. *Quæstus omnis*
dice Tito Livio *patribus, indecorus visus est.*
Liv. Lib. 21. anno ab urbe cond. 530.

8

ed in appalti delle pubbliche rendite, arrossi-
to avriano di esercitarlo (1). *Sotto il regno*
degli Imperadori, essendo i termini dello Im-
perio quasi quelli del mondo allor conosciuto,
e colla rovina di ogni buon' ordine antico e
costume crescendo l'amore a' piaceri ed alle de-

----

(1) Bruto in una lettera a Cicerone allora Proconsolo di Cilicia, raccomandagli i cavalieri Romani che aveano l'appalto delle rendite in Asia, nel quale avea parte pur esso.
Cicerone si oppose alla domanda poco giusta
di lui, e nacquene da ciò che furono quasi in
punto di venire inimici. Nelle orazioni di Cicerone si lodano i Cavalieri per questa industria, la quale non è al certo la piu lodevo-
le. Cicerone nondimeno benchè Romano mostra di non avere per cosa disconvenevole la
mercanzia in grosso, e tiene solo per gente
vile e sordida i mercanti a minuto : dicendo
nel Lib. primo de Officiis . ,, Mercatura si te-
,, nuis sordida putanda est, si magna et co-
,, piosa, multa undique apportans, multisque
,, sine vanitate impartiens, non est admodum
,, vituperanda . ,,

lizie, non ostante che si continuasse a vietare
con leggi a nobili la mercanzia (1), proponen-
dosi tuttavia da ognuno i privati vantaggj il
commercio molto si accrebbe, e godendosi nel
mondo quiete e riposo, l' Egitto, la provincia
di Africa, la Spagna, Marsiglia, la Sicilia,
le città dell' Asia minore, e la Grecia assai
estesamente lo esercitarono Ne' tempi che i Goti
ed i Longonbardi signoreggiarono l' Italia, non
possiamo affermare con sicurtà che affatto venisse meno, perocchè quantunque queste nazioni non vi si dessero, non cessarono di naviga-
re gl' Italiani abitanti in sul mare, e se nol
fecero per soprabbondare, nulladimeno è chiaro
che lo praticarono pe' bisognj loro Nell' interno dipoi delle terre era in questo tempo circonscritto il commercio tra le vicine città in alcuni mercati, che stabilivansi in giorni determinati, a' quali provvedea cadauno il suo necessario . Coll'andare degli anni tai ragunanze, o
dalla voce antica di Foro, o come altri vogliono dalle Ferie, che celebravansi dagli an-

B

---

(1) L. Nobiliores de Commerciis. C. 1. Mi-
lites locato.

tichi popoli *Latini* in sul monte *Albano* tolsero il nome di *Fiere* (1), o pure come giova meglio di credere dalla voce istessa *Feria*, cioè *festa* degli antichi, costumandosi tai mercati tra noi nelle *feste dei Santi*. E tanto invalse quest'uso di pratticargli in tai giorni, che severissime leggi di *Pontefici* e di *Principi* non valsero ad estirparlo, e si viddero infine costretti i *Principi* ed i *Comuni* ad accordare molti privilegj e diritti a' mercanti, che concorrevano alle *Fiere*, (2) necessarissimi in quei secoli, ne' quali la ingiustizia de' grandi e potenti sovverchiando i deboli esercitava in sulle pubbliche strade, e ne' passaggj de' fiumi l'assassinio ed il ladroneccio senza punto di vergogna Nel Secolo *XI* quando tornò a surgere in *Italia* la libertà, e che il più delle città si eressero in

---

(1) ,, Latinae itaque Feriae a quibus in ,, hunc usque diem LA FIERA nomen quo ,, nundinas appellare solent Itali mansit. Athanasii Kirkerii Latium.

(2) Muratori. De Mercatibus et Mercatura Saeculorum rudium. Dissert. Tom. II. pag. 866.

Repubbliche, divenne ben tosto il commercio estesissimo, e quelli infra i popoli Italiani, che da tempo anche di questo più antico lo esercitarono, furonsi i Veneziani, i quali già in questo secolo assai valevano per potenza e ricchezza. Ad essi in ricchezza ed in potenza quasi pari erano gli Amalfitani (1), *co' quali vennero in discordia i Pisani* (2) *già grandi pur essi, i quali sappiamo che spedirono armate contro i Saraceni, gli combatterono in mare, s' impadronirono di molte Isole del Mediterraneo, e di alcune città sulle spiaggie dell' Africa. I Genovesi ancora tra più antichi de' nostri popoli navigatori meritamente*

B 2

(1) A Flavio Gioja Cittadino di Amalfi deesi l' invenzione della Bussola verso l' anno 1302. Col mezzo di questo Istromento si perfezionò la navigazione, e s' intrapresero lunghi viaggj, e si scoprì il nuovo mondo. Questo benemerito uomo non e da noi celebrato quanto si merita, ed il suo nome giace quasi nell' oscurità.

(2) Breviarium Hist. Pisan. Mur. Rer. Ital. Tom. VI.

*van noverati, famosi essendo per la sperienza
loro in sul mare, ed impreso avendo navigazioni a queste stagioni ad ogni popolo scono-
sciute. La possanza di questi due popoli e de'
Veneziani fu grandissima ne' passaggj de' Crociati oltre mare, e fino dal Secolo XI sì
erano in Oriente temuti, che traevano tributi
e pensioni dal Greco Imperadore di Costanti-
nopoli (1). Nel secolo XIII andò sempre più
crescendo il commercio. d' Italia, e vantiamo
in esso i primi viaggiatori, che tentarono viaggj lunghissimi in rimote regioni, i quali seguiti
furono da altri più valorosi nel susseguente se-*

---

(1) La Principessa Anna Comnena nella
sua Istoria accenna, che avendo i Veneziani
vinto in mare e fugato Roberto il Normanno,
n' ebbero dall' Imperadore Alessio suo padre
doni ricchissimi, e fu onorato il Doge di Venezia della dignità di *Protosebaste*, ed i mercanti allora furono liberi da pagare qualunque diritto per la mercanzia, ed ottennero
in Durazzo e Constantinopoli utili stabilimenti
al loro commercio. Anna Comnena Alessiade
Lib. VI. pag. 161. e 62.

colo , verso la fine del quale merita in primo
luogo essere annoverato Marco Polo Veneziano,
che scorse la Tartarìa , le Indie , e la Cina ,
paese dagli antichi nè ricordato , nè conosciuto .

In questa fortuna si condusse il Commercio Italiano fino al Secolo XIV , nel qual secolo, aggiunse al più alto punto di ricchezza e
di gloria , ed incominciò quindi a minuirsi nel
susseguente , e si spense affatto nel XVI , non
essendo , come osserva un sommo nostro Filo-
sofo , conceduto dalla natura alle mondane cose il fermarsi , ma come elle arrivano alla loro ultima perfezione conviene che scendano . Volendo pertanto io ragionare alquanto, sopra il
commercio del detto Secolo XVI , del, quale
non e stato con fondamento per quanto io mi
sappia fino qui trattato da niuno scrittore , io
tenterò dirne quel poco mi sarà possibile , raz-
zolando nelle istorie del tempo con molto sten-
to e fatica . E perchè a' miei Lettori possa questo discorso riuscire più chiaro in tanta oscurità , e per far loro conoscere non solo le cose ,
ma le ragioni e cagioni di esse , io dividerò
il ragionamento in tre parti . Parlerò nella prima del commercio in generale , delle Colonie ,

e della potenza de' popoli mercatanti . *Nella
seconda descriverò la maniera di armare i navilj , le battaglie più rilevanti accadute in sul
mare tra Genovesi e Veneziani , le rubberie
de' Pirati , ed il costume de' Corsari che. armavansi a buona guerra Spiegherò nell' ultima i
diversi traffichi , la industria , i banchieri , i
fabbricatori di tele , di sete , e di panni ,
le famiglie più distinte che fiorirono nella
mercatura , i fallimenti , e tutto ciò che può
appartenere in questa parte agli usi e costumi
di allora. Ragionando in tal modo io mi av-
viso , che spargerò non poco lume sopra questa
materia , e se io non potrò per la mia debo-
lezza riuscirvi , avrò la sodisfazione di aver
fatta ad altri meno ardua la via. Prima nondimeno di muovermi a ciò , perchè meglio sia
inteso io giudico necessario di brevemente di-
scorrere da quali principi e da quali Repubbliche governata era in questo tempo l' Italia
La Lombardia poichè seguì la lega , che
sì gloriosamente difese i suoi diritti contro l'op-
pressione del Barbarossa , travagliata ognora
da' tumulti e dalle fazioni , perduta avea dopo
la rovina della sventurata casa di Svevia la
sua libertà , e dominata era da' Visconti Si-

gnori di Milano . Avvenuto era il medesimo
della Marca Trivigiana , nella quale dopo la
morte di Ezzellino , surtì erano altri tiranni ,
i quali però come a' più potenti ubbidivano tutti agli Scaligeri di Verona , ed a' Carraresi
di Padov·· In Romagna e nella Marca di Ancona per le guerre de' Pontefici e degli Imperadori erano più di ogni altro in preda quei
popoli alle parti ed alle violenze , e molti cittadini ricchi e possenti seguito avendo Federico , e Manfredi , dominavano nelle città loro ,
alcune terre nondimeno conservaronsi libere come Bologna , ne furono altre occupate dai Tiranni . Roma , il Ducato di Spoleti , e le rimanenti terre che formano ora lo Stato della
Chiesa dalla parte di Toscana e del Regno di
Napoli , erano per l'assenza de' Pontefici , che
stabilito aveano la lor sede in Avignone , in
confusione e disordine , ed ogni potente Signore dominava nella sua terra , ed in Roma e
nella Campagna le parti de' Colonnesi ed Orsi-
ni sempre in guerra tra loro tenevano la città
debole e inferma , nè valse l'ardire di Cola di
Rienzo a rimediare a tanti mali , perocchè in-
vilito anche egli sotto il peso di sì grandi disavventure or principe ed or fuggitivo vi lasciò

*infine la vita . I Siciliani , ed i Napoleta-
ni , che nel tempo che fiorirono le Repubbliche
di Amalfi , Napoli , e Gaeta , e che Messina
e Palermo si reggeano quasi a Comune come
Vassalli de' Re , tanto aveano signoreggiato in
sul mare , decaduti erano affatto dall' antico
loro stato , nè lo ingegno di Federico Re di
Sicilia , nè le cure , e le ricchezze di Roberto
Re di Napoli poterono in questo secolo risu-
scitargli all' antico splendore . Queste provincie
sotto le Case di Angiò e di Aragona non sono gran fatto degne di essere considerate nè
pel commercio nè per la industria . Stretta-
mente congiunta a' Principi di Angiò era la
Repubblica di Firenze , che sostenea quasi sola
in Toscana la parte Guelfa , e si opponea agli
intrighi ed alla forza de' Tiranni di Lombardia e di Romagna , ricca , potente , e libera ,
era la sede delle lettere , delle arti , della industria , e del commercio , e potea meritamente appellarsi l' Atene d' Italia . Siena e Peru-
gia si reggeano a comune , e seguiano questa
e quella parte a seconda delle fazioni che le
agitavano . Dopo il combattimento della Meloria avea perduto Pisa la sua antica potenza , la Sardegna e varie Isole , ove avea co-*

lonie e dominio, o eran ribelli, o l'eran tolte
da' Catalani e da' Genovesi, seguìa la parte
Ghibellina, ed in preda alle fazioni ed a' tumulti alcun tempo libera altro governata da'
Tiranni prossima presagiva la sua rovina. Lucca e le rimanenti città Toscane travagliate erano dagli stessi umori, e parte ubbidivano a'Fiorentini, e parte governate da' Ghibellini faceano lor guerra. I Genovesi vincitori de' Pisani
aggiunsero in questo secolo al colmo della gloria e della potenza, ma oppressi da' tumulti
cittadineschi venderono la libertà loro a' Visconti di Milano, e liberi e servi fecero per le
Colonie di Levante aspra guerra co' Veneziani ; della quale per averne avuto vittoria in
principio stranamente divenutine alteri, paga-
rono il fio di tanta arroganza nella prosperità
colla rovina del loro commercio e delle loro
Colonie, che in progresso di tempo caddero in
mano de' Veneziani ; e dopo la famosa guerra
di Chiozza la gloria di questo popolo e la sua
potenza disparve. I Veneziani condotti dalla
necessità ad abitare nelle acque scorrendo co'naviglj loro tutto il mondo allor conosciuto, ar-
ricchiti si erano con una saggia industria, e
faceano a gara de' Genovesi il commercio nel

C

18

Levante, nell' *Africa*, e nelle costiere oltre lo stretto di Gibilterra. Il Governo di questa Repubblica era in mano de' nobili, il popolo vi era felice, e non avendo alcun diritto alle magistrature, per essere composto di nuovi cittadini, si riconoscea suddito del Senato, che saviamente governava ogni faccenda; e mentre in tutte le città d' Italia le fazioni Guelfe e Ghibelline commetteano ogni sorta di delitti, nella sola città di Venezia si rispettava il pubblico Reggimento, e vi erano ignoti i nomi di parti. Tali adunque erano le Repubbliche ed i Principi che governavan l' Italia, i quali di parti e d' interessi diversi osservavansi per tema gelosamente l' un l' altro, ed avean spesso guerre tra loro, le cagioni delle quali straniere essendo all'argomento, non è pregio qui ricercare. Per la qual cosa per entrare nella proposta materia ci volgeremo ad esaminare quale si fosse universalmente il commercio, e quali fossono le armate, quali le colonie, e quale la potenza de' Genovesi e de' Veneziani, le azioni de' quali siccome di popoli mercatanti e navigatori deono principalmente esser considerate.

Il Commercio a giorni nostri sì esteso, non discoperta in quel secolo per ancora l'America, le Coste di Africa, ed il passaggio alle Indie pel Capo di Buona Speranza, circonscritto era ne' termini del Mediterraneo. Poco navigavano i mercanti Italiani sulle costiere di Europa che bagna l'Oceano, e solo i Veneziani faceano in Fiandra un ricco traffico colle spezierìe che vi portavano dall' Oriente, le quali comprate erano da' Fiandresi, che spacciavanle poscia in Inghilterra e nel Settentrione. Le Coste della Francia da questo lato, i Mori di Spagna, ed il Portogallo, riceveano pure da essi e da' Genovesi questa mercanzia, che cambiavano co' loro prodotti. Gareggiavano in questi traffichi co' nostri Italiani i popoli di Catalogna, i quali può dirsi che fossono in questo tempo la terza potenza di mare di Europa; facevano essi sovente guerra co' Genovesi e co' Veneziani secondo v' eran portati dalla gelosia de' loro traffichi, ed assai bene s' intendeano di navigazione e commercio. Benchè si fossono questi popoli sudditi de' Re di Aragona godeano nondimeno alcuni particolari diritti, e reggeansi con istabilite leggi, nè osavano violare i Re l'antichità di tai pri-

vilegj , conoscendo il feroce animo della nazio-
ne (1) . *Scorrevano le loro armate oltre le co-*
ste dell'Oceano , il Levante , l'Africa , e le Iso-
le del Mediterraneo , ed essi , i Genovesi , i
Veneziani , ed il rimanente degl' Italiani era-
no in questo secolo le sole nazioni che eserci-
tassono il commercio del mondo ; perocchè i
Fiandresi che aveano pure navilj , non usciva-
no come abbiamo osservato dall' Oceano , e si
provvedeano dai Veneziani . Il Commercio del-
le Indie faceasi co' mercatanti Armeni per la
via di Trebisonda , e cogli Arabi per le vie
di Damasco e di Alessandria , e quello di Tra-
montana sì necessario a' popoli navigatori , e
che pratticasi in oggi nel Baltico , e che può
fornire anche l' America , pratticavasi allora
allo sbocco de' fiumi Donn e Tanay nella pic-
cola Tartarìa , trasportandovisi dall' interno
delle terre le mercanzie sopra barche , che se-
guivano il corso de' fiumi fino al mare . Cono-
scendo i Veneziani ed i Genovesi il vantag-
gio di tal commercio conchiuso aveano varj

---

(1) Geronymo Çurita Anales de la Corona de Aragon. Çaragoça 1610. Tom. II.

patti co' principi Tartari padroni della contrada, e scelto aveano a tal' uopo de' luoghi
acconcj per riporvi come in deposito le mercanzie che trasportavansi d' Italia per cambiarsi
con quelle della Russia, della Tartaria, e della Persia. Nella Crimea possedeano i Genovesi una ricca città detta Caffa; comprato
avendo per fabbricarvela alquanto di terra da
un principe Tartaro nel cominciamento di questo secolo, e fondatevi da prima poche capan-
ne, che servivan loro per uso di magazzino e
di abitazione, il traffico vi attirò una nume-
rosa popolazione; da' mercanti più ricchi per
loro commodo ed agio si fabbricarono sontuosi
edifizj, la Repubblica incoraggiò in queste opere i cittadini, e temendosi a ragione la inco-
stanza de' vicini Tartari, cinsero il luogo di
forti mura, e divenne questa ben tosto la più
ricca colonia de' Genovesi. Nella città della
Tana situata in sulle ripe del Tanai, ove in
oggi si vede la città di Azow, era il gran
deposito del commercio de' Veneziani, non v'e-
rano essi Signori, ma vi governava un Principe Tartaro, il quale avea ad essi conceduto
assai privilegj, vi aveano però insieme con essi
ricchissimi magazzini pure i Pisani, Fiorenti-

ni , Genovesi , ed altri Italiani. E dicesi che· tanta fosse la ricchezza ammassata in quei magazzini , che quando , accadea. , che o per incendio , o per guerra di Tartari , o per altro accidente perisse quella mercanzia , n' era la perdita risentita in tutto l' Occidente (1) . In tutte le coste del mar nero poste rimpetto alla Tartarìa si esercitava dagli Italiani un ricchissimo traffico , e nella città di Trebisonda v' erano numerose colonie di mercanti nostri , i quali da quel luogo aperto aveano una importante comunicazione coll' Armenia , gli abitanti della quale pel commun vincolo di religione uniti essendo a'Latini , accordavano loro diritti ed esenzioni amplissime   Ed a preferenza di ogni altra nazione protetti vi erano i Veneziani , i quali vi possedeano magazzini , Chiese , ed alberghi , vi godeano il diritto di batter moneta , di esser giudicati ne' loro piati da' Cittadini proprj , e senza pagamento di dazio traversavano tutto il paese colle mercanzie che traevano da Tauris e dalla Persia ; ed il

---

(1) Ubert. Folietae. Genuens. Historia , Lib. III.

pelo di Cammelo , che ora forma non piccola
parte del commercio di Levante , era riservato
ad essi soli , i quali lo imbarcavano per l' Italia e per altri luoghi sopra i loro naviglj (1) .
In Trebisonda egualmente , siccome in Damasco
ed in Alessandria , vi erano de' fondachi stabiliti , ne' quali conservavansi immensi depositi
di mercanzie delle Indie , e sopratutto delle
spezierie che venivano dalla parte di Persia .
Per più strade trasportavansi queste mercanzie ,
ma per ognuna v' eran pericoli per le spesse
rivoluzioni de' paesi che doveansi traversare .
Alcune delle carovane , che arrecavano le spezierie , i prodotti , e le manifatture della Chi-
na e dell' Indostan traversavano la Battriana ,
e la gran Bucharìa , discendevano l' Oxo , e
navigando a traverso del Caspio risalivano il
Ciro , dal quale sboccavan nel Fasi , che por-
tavagli nel mar nero (2) . Ne venivano altre
in Siria pel fiume Eufrate , donde partivansi
pe' porti dell' Asia minore e di Terra Santa .
Risalivano altre co' navilj loro il mar rosso ,

---

(1) Niceph. Gregora Hist. Bizant. Lib. XII.
(2) Niceph. Gregora . Lib. XII.

*e traversando poscia co' cammeli il deserto por-
tavansi in Alessandria di Egitto. In tutti questi scali vi aveano i Genovesi, ed i Veneziani, e gli altri mercanti Italiani i loro fondachi e magazzini, ed ogni ricca accommandita
vi avea il suo fattore (1), il quale a quella
volta che ordinavano i suoi principali spediva
la mercanzia. Ogni Repubblica dipoi ed ogni
Principe tenea ne' porti di mare stranieri un'
ufficiale, il quale appellavasi Consolo, e questi difendea i diritti della sua nazione, e giudicava i piati de' mercatanti, e de' patroni de'
navilj. Era questi rispettato dal Sovrano del
luogo come pubblica persona, ed i cittadini
ivi dimoranti, e quelli vi arrivavano per interessi di mercanzia, rendevangli onore come a
pubblico magistrato. I Veneziani, Genovesi,
e Pisani trasportato avendo al conquisto di
Terra Santa i Crociati co' navilj loro, si aveano acquistato in queste parti di Levante van-
taggiosi e ricchi stabilimenti; ed i primi ottenuto avendone in premio l' Isola di Candia,*

---

(1) Viaggio di Frescobaldi in Egitto e in
Terra Santa.

formato aveano di essa il centro del commercio dell'Asia e dell'Egitto. Nelle coste di Bar-
beria possedeano pure i mercanti di questi popoli fondachi e magazzini, vi teneano i loro
Consoli, e vi spacciavano le manifatture ed i
prodotti di Ponente e d' Italia, talchè dallo
stretto di Gibilterra fino alle ultime coste del
mar nero, era in sù tutt' i punti del Mediterraneo per ogni dove esteso il commercio e
il nome Italiano. Dopo la presa di Constantinopoli i Greci inviliti sotto i deboli loro
Principi, e divenuti un popolo di schiavi, di-
menticato aveano ogni virtù, e dati in preda
alle dissolutezze ed a' vizj non sapeano nè con-
sigliarsi in pace, nè difendersi in guerra. Nè
dimostrandosi migliori dopo che di nuovo sopra
i Francesi riconquistarono Constantinopoli, per
loro dappocaggine e viltà soggetti erano alla vo-
lontà ed a'capricci de' Veneziani e de' Genovesi.
Possedeano i primi in Constantinopoli un quar-
tiere cinto di mura, del quale chiudevano essi
le porte, ed un'ancoraggio separato pe' navilj loro, e vi comandava un Senato ed un Bailo, che
rappresentava il Doge di Venezia, dal quale
dipendeano i piccoli stabilimenti della Repub-

D

26

blica nella Romania (1) . *V' erano i secondi.
più poderosi , ed essendo debitore ad essi Michele Paleologo del suo ritorno in Constantinopoli , donato avea loro il sobborgo di Pera
posto nell'Asia rimpetto a Constantinopoli . Colà trasportarono eglino tutti i lor fondachi e
ricchezze , e sotto il regno del vecchio Andro-
nico lo cinsero di un triplicato cerchio di mura . Il ricco commercio che faceasi da essi in
Caffa più commodo rendette loro il novello
acquisto , talchè si volsero ad ingrandire questa colonia , e ben tosto i magnifici palazzi ,
le chiese , ed altri pubblici edifizj di giorno
in giorno accrescendola , sembrava che questa
nascente città emular quasi volesse la stessa
Constantinopoli* (2) .

---

(1) Niceforo Gregora . Storia Bizant.
Lib. XI.

(2) Le Colonie principali de' Genovesi nel
Levante erano Focea , Galata , Amiso , Ama-
stri , Caffa , Scio , ed erano governate da un
Podestà che spedivasi ogni anno dalla Repubblica . Duca Nipote di Michele Storia Bizan-
tina . Cap. 25.

*Alla possanza delle Colonie perfettamente
corrispondea la forza in mare di queste Repubbliche. Non si può non rimanere maravi-
gliati in leggere negli Storici del tempo, che
alla battaglia della Meloria combatterono in
mare tra Genovesi e Pisani più di dugento ottanta Galee. Nell'anno 1293. armarono i Genovesi in un solo mese contro i Veneziani dugento galee, ed avea ciascuna galea dugento
e venti combattenti, e ve n' erano d' infino a
trecento tutta gioventù fioritissima della Riviera e di Genova. Ed osserva il Giustiniani ne'
suoi Annali, che avendo il Magistrato della
Credenza nell'anno 1290. fatto descrivere quanti
navilj poteansi armare nella Riviera ed in tutto il distretto della Repubblica, si trovò che
poteansi armare 120. Galee. Due modi si usavano di armare in questo secolo dal popolo di
Genova, uno si era dando soldo alle ciurme
marittime, e restando l' utile ed il danno alla
Repubblica, l' altro costringendole secondo gli
ordini del Comune, e si davano allora a' marinaj e soldati diverse polize, e l' utilità delle
prede divideasi tra coloro che salivano in sull'
armata (1). Quasi gli stessi modi si usavano*

D 2

---

(1) Giustiniani. Annali di Genova.

dai *Veneziani*, e nel loro vasto arsenale, che
forma ancora la maraviglia de' nostri giorni
lavoravan continuamente ottocento uomini, e
vi eran sempre pronte dugento Galee senza con-
tare i piccoli navilj. Dopo le vittorie de' Genovesi sopra i Pisani, la potenza dei primi andò sempre crescendo, e fatto avendo pace i *Ve*-
neziani con essi l'anno 1298., vidersi costretti
di farla a que' patti che piacquero loro, tra
quali vollero, che per anni tredici nessun *Ve*-
neziano navigar potesse nel mar maggiore al
di là di Constantinopoli, nè nella Soria con
galee armate. Talchè Giovanni Villani osserva che i Genovesi n' ebbono grande onore, e
rimasono in gran potenza e felice stato, temuti
essendo in mare da ogni Principe e Repubblica. Avendo perciò tanta prosperità insuperbito
quel popolo, non si rattenne in far vendetta
d' ogni piccolo torto, che gli si facesse nel suo
commercio. Troppo io mi dilungherei dal mio
scopo, se qui a lungo annoverar volessi tutte
le battaglie che sostenne in mare sì esso che i
Veneziani, per la qual cosa non farò che ac-
cennarne le principali. Nell'anno 1332. sappiamo che corsero i Genovesi tutte le costiere di
Catalogna con sessanta galee ed arrecarono

grandissima rovina al commercio de' Catala-
ni (1). Due anni appresso non paghi del sac-
cheggio dato alla Catalogna, armarono di nuo-
vo contro i Catalani, e presono loro quattro
grandi Cocche in Cipro ed altre quattro in
Sardegna tutte cariche di ricchissime mercan-
zie, ed impadroniti essendosi pure in Sicilia
di altre quattro galee di quella nazione con
esempio di feroce crudeltà ne impiccarono ad
un tratto gionti in Sardegna seicento mari-
naj. In questi anni medesimi armarono i Ve-
neziani contro i Turchi che saccheggiavano le
coste di Grecia, dispersero i loro navilj, e
ne trassero gran preda di schiavi e di mercan-
zie (2). Nell'anno 1346. quaranta galee arma-
te partitesi di Genova per andarne contro un
Sultano di Turchi nel mar maggiore, ritor-
nando da tal spedizione impadronironsi dell'
Isola di Scio, nella quale raccogliendosi il
mastice, fu pel commercio loro di non poco

---

(1) Bizari Petri Senatus Populique Ge-
nuensis rerum domi forisque gestarum. Li-
ber VI.

(2) Sabellico M. Ant. Istor. Venez. Dec. II.

profitto e ricchezza . Questi conquisti ed accre-
scimenti di potenza e commercio rendeano i Ge-
novesi a' Veneziani formidabili , ed inaspriti
vieppiù essendo dal loro orgoglio e dalla loro
prepotenza in sul mare , ruppero nuovamente
ad essi la guerra . Io non gli seguirò nelle va-
rie battaglie con varia fortuna tra loro tante
volte commesse lungo il corso di questo seco-
lo , accrescendosi nelle perdite la costanza e
l' ostinazione , ispirata loro dalla gelosia di
commercio e dal' dominio del mare . Furono
quelle guerre crudelissime , ed in tante fazio-
ni seguite,, non essendovi alcuno che non vi
avesse lasciato o padre , o figliuolo , o fratel-
lo , concitava ciò talmente l' animo di ognuno
alla vendetta , che per questi odj particolari si
reputava da ognuno la guerra più propria che
della Repubblica . E fu sì potente quest' odio ,
che non temettero i Genovesi per satisfarlo di
condurre la patria loro sotto la servitù dell'Ar-
civescovo di Milano , acciò potessono dalla po-
tenza e forza di lui esser difesi . Innumerabi-
li e per avventura non veri si crederebbono gli
esempj di magnanimità e di fortezza , che die-
rono amendue questi popoli nell' ultima guerra
nata tra essi per l' Isola di Tenedo . Fece in

essa *Genova gli ultimi sforzi della sua poten-*
za marittima, *ed i Veneziani vinti nell'Adria-*
tico dove signoreggiavano, *distrutte sotto i loro*
occhj le di loro armate, *viddero il nimico nel-*
la Laguna impadronirsi per assalto di Chiozza
e delle Isole . E saria allora indubitatamente
perita quella Repubblica, *se in tanto pericolo*
la virtù di due cittadini (1) *venuta non fosse*
in soccorso della quasi vinta città . Tratto il
primo dalle catene, *nelle quali avealo avvinto*
l'odio di alcuni potenti Senatori, *ricordevole*
della patria, *non curando i privati e vendi-*
catore solo de' pubblici torti, *saviamente tem-*
poreggiando richiamò ne' cittadini lo spento va-
lore . Ritornato il secondo vincitore colla sua
armata da lontana spedizione intrapresa per
comandamento della Repubblica, *riunite insie-*
me le forze attaccò coraggiosamente i nimici ; *i*
quali dopo aver perduto in un combattimento
l'ammiraglio loro (2) , *che sopraviver non volle*

---

(1) Vettor Pisani e Carlo Zeno .

(2) Pietro Doria che rimase ucciso sotto
le rovine di un muro mentre difendea il posto di Brondolo .

32

alla disfatta de' suoi , ed antepose ad un' oscuro amore di vita la gloriosa morte in difesa de' suoi , privi del valoroso lor capitano , rinserrati dentro le mura di Chiozza , vedendo l' armata ch' era nell'Adriatico non più in istato di prestar loro soccorso , superati dalla grandezza dei loro mali , ma non vinti nel generoso animo loro si arrenderono a' Veneziani. Nè queste eccellentissime prove di magnanimità e di fortezza minori sono di quelle , che ci offrono i Romani ed i Greci , e non sono soltanto da noi sì celebrate , perchè ci piace magnificare le antiche e spregiar le moderne . Conchiusasi dipoi la pace tra le due Repubbliche , siccome la discordia donde nata era guerra sì cruda stata era per l' Isola di Tenedo , convennero così amendue i popoli che niuno di essi la possedesse , e si desse in guardia per due anni al Duca di Savoja , che a comuni spese di essi la custodisse , e che passati i due anni se ne spianassono le fortezze . Dichiararono inoltre che nessun legno dei due popoli navigar potesse per due anni nel mar maggiore verso Trebisonda o la Tana , acciò non nascesse rissa tra loro . Ed osserva Daniello Chinazzo Scrittore di questa guerra , che erano i Genovesi con

tal condizione a miglior partito dei Veneziani,
perocchè possedeano molte terre nel mar maggiore, e sopra tutto Caffa lontana per terra
tre giorni dalla Tana; laonde non possendo na-
vigare i Veneziani alla Tana, le spezierie e
le mercanzie che colà conducevansi al mare per
caricarle, di necessità si sariano dovute condurre in Caffa, e si togliea così a' Veneziani
gran parte del loro traffico. E di più tenendo modo il Governo Genovese (secondo il costume dei Veneziani) che niuna altra persona
se non Genovese, o cittadino di Caffa, com-
prar potesse quelle mercanzie, costretti essendo
i Veneziani a venirne in Caffa per provveder-
si, comprate le avriano più care, e saria stato migliore il vantaggio dei venditori. Si con-
chiuse dipoi questo accordo di due anni per far
nota la pace alle Colonie, sì per essere quella
la più lunga navigazione che allora si cono-
scesse, e sì per avvertire i diversi Corsari particolari, i quali in gran numero sparsi erano
in sul mare; pratticandosi il corso nelle lor
guerre universalmente dai popoli Italiani.

Tal costume come ognuno conosce è antichissimo, ed i più antichi popoli per testimo-

34

nio *di Omero* (1) *furon Corsari, ne' tempi però che la civiltà ed il commercio è in fiore tra
le nazioni, se un popolo od un particolare se
lo permette, dee ciò reputarsi delitto, e come
tale punirsi. Pare nondimeno che scusato ven-
ga tale uso in tempo di guerra, e come
a' giorni nostri lo vediamo pratticare, lo prat-
ticarono medesimamente i nostri antichi, e non
solamente nelle guerre, ma v' erano anche in
pace dei particolari e dei popoli, che lo eser-
citavano di professione, siccome il saccheggio
delle città i Condottieri, che poneano in questo secolo a ruba le terre deboli di Francia
e d'Italia. Per tacere dei Catalani, molti
navilj de' quali saccheggiarono in questo secolo
gran parte della Grecia e dell' Asia minore,
oltre ciò che ne abbiamo negli Storici, sappiamo anche dal Decamerone del Boccacci,
che e popoli e particolari aveano tal costume,
e ce ne porge esempj in Landolfo Ruffolo* (2)
*che impoverito si pose al corso, e dipoi fu da'
Corsari più potenti rubato, in Martuccio Go-*

(1) Omero Odissea Lib. III.
(2) Nov. IV. Giorn. II.

mito che corseggiò sulle coste di Barberìa (1),
nella Ciciliana , nella quale dice Salabaetto che
la mercanzia che aspettava stata era presa
da' Corsari di Monaco , e riscattavasi dieci
mila fiorini (2) , (lo che ci mostra l' uso che
v' era di riscattáre mercè il danaro il mal
tolto da' Corsari , come vediamo pratticare pure oggi), ed infine nel pietoso caso de' figliuoli
di Arrighetto Capece presi e venduti schiavi
da' Corsari di Genova (3) , e nel piacevolis-
simo della valorosa moglie del Dottor Pisano
rubata nelle acque di Montenero dalla Ga-
leotta di Paganino da Monaco (4) . Io non
contrasterò sopra la verità di tai fatti , contro
chi affermasse quelle esser favole e non fatti
veramente accaduti . Ma oltre l' esser stato
provato da un valentuomo (5) non essere que-

E 2

(1) Nov. II. Giorn. V.
(2) Nov. X. Giorn. VIII.
(3) Nov. VI. Giorn. II.
(4) Nov. X. Giorn. II.
(5) Da Domenico Maria Manni Fiorentì-
no nell' opera intitolata Istoria del Decameron
del Boccacci Firenze 1744. in 4°. , nella qua-

ste altrimenti favole , io giudico che la favola
accader possa nelle circostanze o nel fatto , ma
non mai ne' costumi del tempo che si descrivono , e de' quali è il Decamerone una esatta
e fedel dipintura . Per la qual cosa io non
credo punto ingannarmi questo citando quando ne viene il caso , come sovente andrò facendo nel progresso del mio discorso . Due
sorti adunque vi erano di Corsari , gli uni
erano particolari , che o banditi dalla patria
per le parti , o per cupidigia di arricchire
faceano il corso , ed altri si erano cittadini che
armavano nelle guerre della patria loro i navilj per dANNEGGIARE i nimici . Giovanni Villani sotto l' anno 1323. (1) ci dà notizia de'
primi , dicendo che i Guelfi di Genova banditi dalla città n' andarono in corso con dieci
galee , rubbando amici e nimici , e presono tan-

le con documenti autentici tratti da varj Ar-
chivj di Firenze , o da altre scritture del
tempo ed Istorie , provasi che la maggior parte delle novelle , variate di poco le circostanze sono veri fatti avvenuti .

(1) Gio. Villani Stor. Lib. IX. Cap. CCXVII.

ta robba, che si stimava trecento mila fiorini di oro, ma avendo dipoi fatto lega con
Cambi di Sinopia, uomo potente tra i Turchi, che avea pure in mare navilj, andatine
da costui in Sinopia, vi furono da lui ricevuti cortesemente. Talchè punto del barbaro
non guardandosi, discesi essendo in terra ad
un convito da esso apprestatogli, furono tutti
crudelmente trucidati al levar delle tavole, e
s'impadronirono i Turchi di tutte le lor ricchezze e galee, rimanendovi uccisi più di 1500.
uomini della ciurma, tra quali quaranta gentiluomini, e non ne camparono che tre sole galee. Il saccheggio di Tripoli fatto dall'Ammiraglio Filippo Doria, e la vendita di quella città non approvata nè punita dal Comune di Genova (1), è pure un fatto che mostraci la possanza e la forza dei Pirati di quel tempo, e
la non curanza delle Repubbliche di non pu-
nirne i cittadini, che violando la pubblica fe-

---

(1) Si parla a lungo di questo fatto negli storici Genovesi, e più di ogni altro nelle Storie di Matteo Villani Lib. V. Cap. XLVII.
e seguenti.

38

de osavano tali imprese, abusando ancora delle armate della Repubblica. Tra tante imprese di Corsari avvenute in questo secolo non è pur da tacere del Genovese Megollo Lercaro, per essere quello un caso ripieno di grandezza di animo e di fortezza. Punto costui da nobile sdegno per una offesa ricevuta da un favorito del Greco Imperadore di Trebisonda, e non punito da questi, riparatosi tra suoi ed armata una galea, scorse con quella le rive di Trebisonda, ed apportando ovunque a' Greci la rovina e la strage, costrinse quel Principe a consegnargli in mani quel favorito, il quale dipoi generosamente concedette alle lagrime dei suoi parenti, dimostrandosi così non so se più generoso nel perdono, che terribile nella vendetta (1). Costumavano pure i Siciliani ed altri popoli Italiani di armare piccoli legni a danno dei Saracini di Africa (2), e s'impadronivano delle robbe sbarcando in sulle coste,

---

(1) Trovasi questo avvenimento descritto a lungo nel Lib. IV. del Ristretto delle Istorie Genovesi di Paolo Interiano.

(2) Bocc. Dec. Nov. II. Giorn. V.

s ne traeano in ischiavitù le persone, e questo barbaro costume pratticavasi pure contro i Cristiani (1). I navilj che armavansi dal pubblico predavano i soli nimici, ed abbattendosi in legni amici, che caricato avessono mercanzia di nimici, toglievano loro la mercanzia, e lasciavano liberi gli uomini ed i navilj (2), e pagavano talvolta a' patroni anche il nolo delle mercanzie (3), e se v'erano sopra mercanti di nazioni amiche, si trattavano cortesemente, e gli pagavano ancora le spese del viaggio (4). Quando tutta la mercanzia non era di proprietà de' nimici, si esaminavano i registri dello scrivano, e si lasciava ciò che non era di loro ragione (5). Divideasi la preda egualmente partendosi la mercanzia, o vendeasi e si partìa il danaro tra la ciurma; i balestrieri toccavano doppia parte sopra i

---

(1) Bocc Dec. Nov. VI. Gior. II.

(2) Daniello Chinazzo Cronaca della Guerra di Chiozza. Murat. Rerum Ital. Script.

(3) Chinazzo Cron.

(4) Chinaz. Chron.

(5) Chinazzo Cron.

40

semplisi marinaj e rematori , e così maggiore
i patroni ed i comiti (1) . Se dipoi acccadea
che portassono que' legni vettovaglia o mercanzia a' luoghi de' nimici assediati , si toglieva loro la robba , e non v' era altro caso che potesse salvarli che un salvo condotto dell' Ammiraglio del Corsaro , se poi rilasciati ardiva-
no nuovamente di provvedere i nimici , erano
allora senza pietà o cacciati in mare o incen-
diati (2). Standosi ancora o in mare o nei
porti le armate , ed abbisognando di navilj
per qualche impresa , forzatamente costrigne-
vano a seguirgli i navilj amici , e se' aveano
gente propria ne sbarcavano la ciurma , e vi
faceano salire i suoi (3). Questi erano gli ar-
mamenti degl' Italiani in sul mare , de' quali
ho a lungo parlato , trattenendomi più di ogni
altro sopra i Genovesi ed i Veneziani , per
essere stati questi sopra tutti potentissimi in
questo secolo , ed i Genovesi lo eran di modo

---

(1) Chinazzo Cron. Giustiniani Annali di
Gen. Sabellic. Hist. Venet.
(2) Chinazzo Cron.
(3) Chinazzo Cron.

nell' *Arcipelago* e nel *mar nero*, che poteano
a voglia loro disporre dell' Imperio di Constantinopoli, chiudendo colle loro galee, che
dominavano in que' mari, i passi della Pro-
pontide e del *Ponto Euxino*. I Pisani, i Na-
poletani, ed i Siciliani aveano egualmente le
loro armate, ed i Fiorentini per non essere in
sul mare conducevano al loro soldo Corsari
stranieri, e sappiamo da *Matteo Villani* (1),
che l'anno 1362. soldarono con due galee Pie-
rino Grimaldi di Genova, il quale unitosi con
altre due già condotte dal Comune, tolse a' Pisani l'Isola del Giglio, e si fè in Firenze
di questo acquisto maravigliosa festa per avere
vinto in mare i Pisani con poche galee. E l'anno appresso impadroniti essendosi del porto Pisano, ne appesero le catene alle colonne di
porfido del Battistero di San Giovanni, ove
tuttora si veggono (2). Quello abbiamo fino
qui detto provaci la sperienza e valore degli
Italiani nelle cose marittime in questo secolo,
nel quale ne dierono sì chiari esempj, che nè

F

---

(1) Lib. XI. Cap. XXVIII.
(2) Lib. XI. Cap. XXX.

tempo, nè *invidia potrà non fare*, che i nomí
di *Vettor Pisani*, *Paganino Doria*, *Carlo Ze-*
no, e *Simone Vignoso* eccellenti ammiraglj de'
Genovesi e *de' Veneziani* non si vivano eterni
alla gloria di questi due popoli e della *Italiana nazione*.

Tali essendo le forze marittime dei popoli mercatanti per proteggere il loro commercio, dovea di ragione esser questo esteso e ric-
'chissimo. *Avea* di già il lusso fatto notabili
avanzamenti, e le mollezze di *Oriente* passate
in *Italia*, facendovi dimenticare la rozza sim-
plicità degli antichi, risentiano i popoli il bisogno di una vita più agiata e più commoda.
Assai morbidezze somministravano le mercanzie delle *Indie* all' *Europa*; si traevano di colà
le spezierìe, il rabarbaro, ed altri medicina-
li, l' ambra, i diamanti, e le perle. *Di*
Persia si aveano sete e tapeti, pelli, e manifatture, che si usavano dai grandi nelle masserizie e nelle vesti. *La Tartaria* e la *Rus-*
sia somministravano canape, grosse tele, le-
gnami, pece, cera, caviali, cuoja e pellic-
cerìe. *Sulle* coste dell' *Asia* minore si caricavano pelli di *Lepre*, cuoja, pelo di *Cam-*
melo, vallonea, cotoni, uva, e cera. *In Gre-*

cia si caricavano vini, uve, nocciuole, sete ed
allume (1). L'Egitto e la Barberìa somministravano ne' tempi, di bisogno grani in abbondanza all'Italia, siccome Caffa ne provvedea

---

(1) Nella Penisola di Morea vi era un
monte, ove cavavasi l'allume, e gl'Italiani,
Arabi, Catalani, ed altre nazioni vi concor-
reano a caricarlo. Sotto il regno di Michele
Paleologo si presentarono a lui alcuni mercanti
Genovesi, ed ottennero in appalto queste cave
di allume per una somma di danaro annua. Vi
si condussero tosto con cinquanta operaj, ed
incominciarono ad operare, ma vedendosi esposti alle continue incursioni dei Turchi cercarono fabbricarsi un castello. Gli abitanti della Contrada sentendo si fabbricava questo
castello, accorsero in folla, e si accorda-
rono co' Genovesi di dar loro ajuto a fabbri-
carvi anzichè un castello una commoda città,
colla condizione che vi potessono al bisogno
ancor essi essere ricevuti, e riporvi in salvo
le loro cose. Contenti i Genovesi di questi
patti unitesi ad essi fabbricarono la città, e
l'appellarono dal nome antico della Provincia

44

abbondantemente in simili casi la Grecia. Trae-
vansi di Barberìa e di Egitto dattili, lana,
cera, pelli dette di bazzana, marrocchini ed
altri prodotti. Cambiavansi tutte queste mer-
canzie colle manifatture d'Italia e di Oltre-
monti, ed i Genovesi si provvedeano di panni
da'Fiorentini e Lombardi, a' quali univano pure
panni di Francia, che erano allora di più gros-
sa qualità, ed assai se ne smerciava in Le-
vante, come pure le tele di renzo, ed altre
dette di campagna, che fabbricavansi in Bo-
logna, ed in altre parti d'Italia, e le quali
assai si usavano nelle Colonie di Levante, e
nelle Isole dell' Arcipelago. Gli olj della Pro-
venza e della Riviera di Genova, i saponi,
il zaffrano, ed i coralli trasportavansi pure
oltremare (1). L' argento vivo era un ricco

Focea, ed i Capitani e Signori di questa nuova Colonia furono due fratelli Genovesi Andrea e Giacomo Catani. Questa Città fu poi
distrutta dai Turchi l'anno 1455. = Duca Nipote di Michele Storia Byzantina Cap. 25.

(1) Registro di Mercante. Cod. Barberino N.° 848.

traffico che faceano i Veneziani portandolo dall'
Istria in Levante ed in Ispagna . Dall' Istria
e dalla Dalmazia traevano essi pure gran quan-
tità di sale che vendevano con molto loro pro-
fitto in Lombardia e in altre parti d' Italia .
La Sicilia , la Sardegna , ed il Regno di Na-
poli faceano co' prodotti loro un ricco traffi-
co , ed in Napoli caricavansi ogni anno quan-
tità di navilj di vino greco che si trasportava
nell' Italia superiore (1) , e ne andava perfino
in Inghilterra ed in Fiandra . Le mercanzie
delle Indie e di Levante trasportate in Ita-
lia , vendevansi dagl' Italiani a' popoli Oltra-
montani ; ed i Genovesi ed i Veneziani , ne
provvedeano co' navilj loro la Spagna , il Por-
togallo (2) , e la Fiandra . Dal Portogallo trae-

---

(1) Giovanni Villani Lib. X.

(2) Antes que a India fosse descuberta
pe los Portugueses , a mayor parte de espe-
ciaria , droga, e pedraria de la se vasava pe
lo mar roxo donde ya ne a cidade d' Alexandria, e ali a compravão os Venezianos que a
espalhavão pe la Europa , de que ho reyno
de Portugal avia seu quinhão , que os Venezia-

*vano uve , vini , stagno , ed argento . In Sivi-
glia aveano i Genovesi magazzini ricchissimi di
spezierie , che cambiavan co' Mori con oro ,
cordovani , e lane , le quali rivendevano con
gran vantaggio in Italia ed in Francia ; ove
pur le cambiavano con panni e tele per le Colonie loro di Levante , ed in Fiandra godeano i Veneziani privilegj ed esenzioni , e ne
traevano tele , ed altre manifatture .*

*L'arte di fare i panni , che vediamo a' no-
stri giorni sì raffinata oltremónti , era in que-*

---

nos levavão a Lisboa em galés . ⊐ Fernão Lo-
pez de Castanheda Libro Primeiro dos dez da
Istoria do describimiento e conquista de Indias
pe los Portugueses .

,, Innanzi che l' India fosse stata sco-
,, perta da' Portoghesi la più parte delle spe-
,, zierie , droghe , e diamanti , trasportavansi
,, pel mar rosso , e di là nella città di Ales-
,, sandria , dove i Veneziani le compravano ,
,, e spacciavanle per l' Europa , ed il Regno
,, di Portogallo aveane la sua parte che i Ve-
,, neziani vi portavano in Lisbona colle loro
,, galee . ,,

sto secolo esercitata con lode dagl' Italiani, i
quali furono i primi a spargerne la conoscen-
za in Inghilterra ed in Francia, passati colù
essendo varj nostri artieri, e facendone anche
colà lavorare i mercanti nostri per commodo
de' loro traffichi. In molte città d'Italia lavo-
ravansi i panni, ma la Toscana ebbene il primo vanto, e vi erano in Lucca i migliori operaj, i quali quando fu quella città saccheg-
giata da Uguccione della Fagiuola l'anno 1314.
perdute avendo le sostanze loro si sparsero per
tutta Italia, e vi diffusero l'arte, e n' andarono ancora in Germania, Francia, e Inghilterra (1). I veli, i taffettani, le sete, i cam-
mellotti, e le saje si lavoravan pure in Italia,
ed i migliori e più fini si faceano in Firenze,
ove questo ramo di mercanzia v'era più colti-
vato che in altro luogo L'arte della lana im-
piegava in questa città più migliaja di cittadini, e le più nobili famiglie del Contado e
della città v'erano ascritte (2); non possen-
dosi per legge della Repubblica ottenere i pubblici Magistrati se non si era ascritto ad uno

(1) Tegrimi Vita di Castr. Castracani.
(2) Giovanni Villani Lib. V.

*de' mestieri . Giovanni Villani enumerando la
grandezza ed il felice stato della sua patria
prima della peste del quarantotto , dice che le
botteghe dell' arte della lana erano in Firenze più di dugento , e faceano da settanta in
ottanta mila pezze di panni di valuta di più
di un millione e dugento mila fiorini d' oro ,
che bene il terzo e più di tal somma rimanea nella città come profitto d' industria , senza contarvi il guadagno de' lanajuoli , e che
in questa opera viveano più di trentamila persone ; ed osserva che ne' principj del secolo v'e-
rano più persone impiegate in tal traffico , e
che si contavano da trecento botteghe , che faceano per anno cento mila pezze di panni , ma
erano più grossi e di metà di valore , perocchè ancora non si sapeano lavorare le lane
d' Inghilterra come in quel tempo . Da esso
pure siamo ragguagliati che i panni di Francia , ed oltramontani vendeansi in Firenze ; e
dice che nella contrada di Calimala v' erano
da venti fondachi , che faceano venire ogni
anno da tremila pezze di panni di valuta di
più di trecento mila fiorini d' oro , che vendevansi in Firenze ed altrove . Tutto in questa
città annunziava il commercio e la industria ,*

*e vi erano di continuo aperte sei scuole, nelle
quali concorrevano mille dugento fanciulli per
imprendervi l'abbaco, ed i principj della mercatura. Per compiere dipoi il quadro del commercio Fiorentino seguirò a dire ciò che ne racconta il Villani preallegato : cioè che si contavano in quella città ottanta banchi di cam-
biatori, la zecca vi battea ogni anno trecento
cinquanta mila fiorini d' oro e talora quattro
cento mila, e di danari da quattro di più
di ventimila libre . Mercatanti e merciaj as-
sicura che v' erano in sì gran numero, che
non si poteano stimare per quelli che andavano fuori a negoziare . Non v'era parte nel mondo allor conosciuto, ove sparsi non fossono i
Fiorentini per cagion di negozio ; e dal Decameron del Boccacci gli vediamo esercitare la
mercanzia in Francia, in Inghilterra, in Sicilia, ed in Levante (1) . Per avere dipoi uno
stabilimento commodo ed alla città più vicino,
ottenuto aveano per un trattato dalla città di*

G

---

(1) Decam. Nov. I. Giorn. I. Nov. VII.
Giorn. III. Nov. III. Giorn. II. Nov. X. Giorn.
VIII. Nov. V. Giorn. IV. Nov. VII. Giorn. III.

Pisa la franchigia delle mercanzie, lo che assai commodità arrecava al loro commercio.
Verso però l' anno 1360. i Pisani mal consi-
gliati la tolsero loro, ed essi sdegnati partironsi di Pisa, e portaronsi a Talamone porto
de' Sanesi, ed ivi disposono di continuare i
loro traffichi a dispetto de' Pisani. Cercarono
questi di nuocer loro, strignendosi con Simone
Bocca Negra Doge di Genova loro amico, ma
non riuscirono, e la partita de' Fiorentini fu
la rovina di quella città; perocchè oltre che
fu cagione dell' aspra guerra che terminò colla
distruzione di lei, non essendovi più quegli uomini industriosi, che fiorir vi faceano la mercatura, i Genovesi, Provenzali, Catalani,
ed altri mercanti se ne partirono, e ne lascia-
rono desolato il commercio. Non deono dipoi
soli i Fiorentini essere celebrati pel commercio
ed industria, mentre pure in Mantova, Verona, Milano, Padova, e Bologna si esercitava la mercatura, e si fabbricavano panni e
sete, ma non aggiugnevano alla perfezione de'
Fiorentini, nè era il commercio loro tanto vivo ed animato. In Bologna e Ferrara si faceano le migliori tele d'allora, ed essendosi in
questo secolo incominciata a lavorar la seta in

Italia , vediamo esercitarsi tal' arte con succes-
so nella Lombardia , ove si ha dagli Statuti
di Modena (1) , che si obbligavàno in certe
terre del distretto i contadini a piantare gli
alberi de' mori gelsi . La prosperitu di questi
lavorii e la estenzione del commercio doveasi
all'accrescimento del lusso . Ne abbiamo lamenti
in tutti gli autori del tempo (2) , e nelle cro-
nache ed annali si scorge dalle minute descri-
zioni qual magnificenza di apparati e di vesti
usavasi ne' conviti , nelle nozze , ed in altre
pubbliche feste . Nelle femmine specialmente era
a tanto aggiunto tal lusso , che furono costretti i Principi ed i Comuni reprimerlo con sa-
vie leggi . Le vesti che allora adoperavansi
erano tessute di oro e di argento , e gli uomini adornavano gli abiti e le berrette di gio-
je e di perle , e ne portavan le donne alle
braccia ed al collo . Ci offre il Boccacci una

G 2

(1) Murat. De Mercatib. et mercat. Sae-
culor. rudium .

(2) Bocc. Decam. Nov. X. Giorn. VI. Dante Paradiso . Canto XVI. Cronicon Francisci Pi-
pini . Murat. Rerum Ital. Script. Tom. IX.

bella dipintura di questo lusso nella novella della Ciciliana (1) *, nella quale fa ricordo del bucherame Cipriano, ch' era una tela finissima mista di cotone e di seta che fabbricavasi in Cipri. La magnificenza delle vesti può anche vedersi nella descrizione dell' entrata trionfale che fecero in Roma, Castruccio quando fu fatto Senatore, e Cola di Rienzo quando tornò da Avignone, nelle feste e conviti che davansi da' Signori di Lombardia, e nella Cronaca di Andrea Dei continuata da Agnolo Tura* (2) *, nella quale si dà una lunga nota di doni si fecero in Siena a diverse persone quando fu fatto Cavaliere Francesco Bandinelli cittadino di quella città. Uscirei per avventura dalla proposta materia, se più a lungo mi trattenessi sulla magnificenza del lusso in questo secolo; laonde ripigliando l' interrotto argomento tratterò de' mercanti e de' banchieri in particolare, sopra i quali gran lume ci porgono il Boccacci e Giovanni Villani.*

---

(1) Nov. X. Giorn. VIII.
(2) Murat. Rerum Ital. Tom. XII.

Questa parte di commercio, la quale può in molti casi essere perigliosa, offre più grandi e certi vantaggj del traffico incerto di mare soggetto a mille vicende. I Fiorentini svelti d'ingegno la conobbero ed esercitarono meglio di ogni altro popolo, ed in Inghilterra ed in Francia prestando a' Signori sopra le loro terre ragunarono immense ricchezze, e benchè male talvolta gnene avvenisse, tuttavia sì sapeano maneggiarsi, che ne uscian sempre con loro vantaggio. Odiavangli fieramente per tal mestiere gli Oltramontani, ed il Boccacci ce lo mostra nella Novella di Ser Ciappelletto, ove a lungo si tratta questo argomento, e nella Novella III della Seconda Giornata vediamo a qual ricchezza pervenivasi in poco tempo per questo mezzo. Giovanni Villani querelandosi di Filippo il Bello Re di Francia, afferma che sotto pretesto di prendere i prestatori, fece prendere e riscattare tutt' i buoni mercanti, e fece ciò istigato da Musciatto Franzesi, il quale, come sappiamo dal Boccacci (1), esercitando la mercatura, potea esservi tratto

(1) Nov. I. Giorn. I.

54

*da cagioni d' interesse e d' invidia. I Fioren-
tini n' ebbono per quella presura assai danno,
ed il Re n' ebbe assai biasimo. Tali non pre-
veduti accidenti, ed altri di guerre tra Principi e Repubbliche, naufragj e perdite in mare, arrecavano a' mercatanti ed a' banchieri tal
danno che costretti erano fallire. Ci porge notizia di tai fallimenti il già nominato Giovanni Villani mercatante ancor egli, e che per
simile disavventura fu carcerato nelle Stinche di
Firenze. Il primo di cui fa memoria sotto
l' anno 1296. si è quello della Compagnia degli Scali ed Amici e Figliuoli Petri di Firenze, la quale era un' accommandita di mercanti ch' era antica di cento venti anni, e ritro-
vossi in debito tra cittadini e forestieri più di
quattrocento mila fiorini di oro. Recò questo
fallimento grandissimo disfacimento al commercio de' Fiorentini, e dice il preallegato Giovanni, che fu per essi maggior sconfitta di
quella di Altopascio, perchè chi avea danari
in Firenze gli perdette in quella occasione.
Più funesto per le conseguenze al loro commercio fu quello avvenuto l' anno 1347. delle
Compagnie de' Bardi e Peruzzi. Erano questi
i maggiori mercanti di Firenze e d'Italia, ap-*

pellandole il suddetto Giovanni due colonne
che per la loro potenza, quando erano in
buono stato, condivano colli loro traffichi gran
parte del traffico della mercanzia de' Cristiani, e n' erano quasi un'alimento. Fallirono questi banchieri e mercanti· perchè avendo prestato tutto il loro a' Re d' Inghilterra e di Sicilia, mancò loro il primo di pagare gl' interessi che dovea per la guerra ch'avea in Francia, e del secondo non ne dice il Villani qual
ne fosse la cagione. Da quello d'Inghilterra aver
doveano fiorini novecento mila di oro tra capitale ed interessi, e da quello di Sicilia cento mila fiorini di oro d' interessi, e trecento
cinquantamila di capitale; talchè non possendo valersi di tai danari convenne fallissono per
la somma di cinquecento cinquanta mila fiorini
di oro, che doveano a' varj mercanti cittadini e forestieri. Trassono dipoi nel fallimento
loro altri mercanti che aveano il loro ne' loro
fondachi, tra quali nomina il Villani, Bon-
naccorsi, Cocchi, Antellesi, Corsini, D' Uz-
zano, e Perendoli, senza contarvi altre piccole compagnie; ed avverte che pur molti artieri fallivano per le gravezze imposte dal Comune. Gli Statuti della mercanzia punivano

in questi casi severamente i mercanti fraudo-
lenti , quando però pròvavasi dalle ragioni del
fallito , ch' egli era mancato alle sue promes-
se per disavventure sofferte , colla cessione de'
beni (se ne possedea) , o coll'accommodarsi di
pagare a' suoi creditori un tanto per cento era
lasciato in libertà (1) *. In qualunque caso non*
poteano nulladimeno fuggire giammai il carce-
re i falliti, quando i loro creditori persegui-
tavangli , e standosi nelle carceri si procedea
dal Tribunale della Mercanzia o del Consolato
del mare , (s'era in città marittima) , allo stral-
cio delle ragioni , eleggendosi a ciò un sinda-
co con due altri compagni , che sceglievansi tra
più onesti e riputati mercanti. Ogni mercante
era obbligato dalle Leggi della mercanzia a
tenere in regola le sue ragioni , e quando si
trovavano tali si accettavano per buone e bel-

---

(1) Giovanni Villani nel fallimento descritto dei Bardi e Peruzzi dice che i Bardi ren-
derono per patto le loro possessioni a' loro
creditori soldi otto e denari tre per lira ,
che non tornarono a giusto mercato soldi sei
per lira .

le in giudizio, e vi si avea fede come a' registri de' pubblici notaj. I banchieri tenevano
aperti al pubblico i loro fondachi, e per lo
più posti erano per commodo de' negozianti a
pianterreno (1), varj giovani v' erano impiegati
in diverse faccende, quali di cambj, quali di
scrivani, e quali di cassieri, e tutti questi o
interessati nel banco o salariati ubbidivano tutti a' principali, i quali si chiamavan maestri.
In alcuni giorni determinati riunivansi i mercanti insieme o nella pubblica piazza o in alcuna loggia, ed ivi si tratteneano trattando
degl' interessi del cambio e della mercanzia.
La provisione che toglieano per le lettere di
cambio era il mezzo per cento, ed in alcuni
casi anche l' uno, quando poi vi si aggiugnea
il risico dello star del credere, cioè di essere
mallevadore, allora toglievano provisione doppia (2). Per ogni parte rilasciavano i banchieri
sopra i loro corrispondenti a chi glie ne do-
mandava le lettere di cambio e di credito, e

H

---

(1) Franco Sacchetti Nov. CLXXIV.
(2) Registro di Mercante. Cod. Barberino Nº. 848.

l' uso di queste è antichissimo in Italia , e\mal
si appose Guglielmo Raynal nel proemio della
sua Istoria Filosofica e Politica del Commer-
cio degli Europei nelle due Indie , nello at-
tribuire tutto il merito di questa invenzione
agli Ebrei per salvare le loro robbe quando
erano perseguitati (1) ; non facendo come do-

---

(1) Pare veramente che non possa ne-
garsi di doversene l' origine ad alcuni Ebrei
Francesi , ma la perfezione è dovuta agl'Italiani , e ciò lo dice il Savary nell'opera ,, Le
parfait Negotiant ,, del quale mi piace qui
riportare il capitolo .

Il y a mil ans que l'on ne sçavoit en
France ce que c'etoit que lettres et billets de change, l' invention en est venue des
Juifs , qui furent chassés de France , pen-
dant les regnes de Dagobert Premier, Philippe Auguste , et Philippe le long ès années
640. 1181. et 1316. ils se refugierent en Lom-
bardie , et pour retirer l'argent et autres effets , qu' ils avoient laissé en France entre
les mains de leurs amis., la necessité leur
apprit a se servir des lettres et billets ecrits

vea onorevolmente menzione degl'Italiani a' qua-
li se ne dee la perfezione . Sì pel negozio delle
lettere di cambio , che per la vendita delle mer-
canzie eranvi dei mezzani , i quali si appel-
lavan sensali , ed erano questi eletti dalla Mer-
canzia , ed i contratti fatti per loro mezzo an-
che a semplice voce non potean disciogliersi ,
e si tenean per validi . Riscuotevano una pic-
cola provisione pe' cambj , ma assai maggiore
si pagava loro nella vendita delle mercanzie.
Queste mercanzie o erano proprie della terra ,
ed allora nella vendita nulla pagavano al Co-

H 2

---

en peu de parole et de substance etc. ,, E più
sotto. ,, Les Italiens Lombards trouverent l'invention des lettres de change fort bonne , et
les Gibelins chassés d' Italie par la faction
des Guelphes , s' estant retirés à Amsterdam
a l'exemple des Juifs se servirent de ce moyen
pour retirer les effets qu' ils avoient en Italie , ou ils etablirent le commerce des lettres de change , qu' ils appellerent Poliza di
cambio ; ce fut eux qui inventerent le re-
change , quand les lettres qui leur etoient
fournies revenoient à protest .

*mune od al Principe, o erano forestiere, ed
allora da' Principi e dalle Repubbliche (1) vi
era destinato un pubblico luogo detto Dogana,
nel quale erano molti magazzini, ove si ri-
poneano, e di quelli se ne rilasciava la chiave a' mercanti da' Doganieri, i quali scriveano
la robba a loro ragione, e quando poi si volea trarla di là, dovea pagarsi il diritto stabilito dal Principe o dal Comune. Sopra queste scritte della Dogana, come abbiamo nella
Novella X. Giorn. VIII. del Decamerone con-
trattavansi da' mercanti e sensali le mercanzie, ed avendo bisogno di danaro poteansi pure impegnare, facendole scrivere a ragione del
prestatore da' ministri della Dogana. Nelle città marittime vi erano stabiliti alcuni giudici
eletti tra mercatanti, che formavano un Tribunale detto Consolato di mare, il quale come
in Firenze la Mercanzìa, (che era un Tribunale composto nella stessa forma), giudicava i
piati de' mercanti e patroni de' navilj mercan-
tili, provvedea in caso di naufragio o avarìa,
ed in tutt' altro che rilevasse dal commercio*

---

(1) Decam. Nov. X. Giorn. VIII.

marittimo . *L'origine di questi Tribunali è antichissima tra noi, e fino dall'anno* 1129., *quando Ruggiero il Normanno conquistò la Sicilia sopra i Saraceni ne fu da lui eretto uno in Messina . Pronunziavano questi giudici le loro sentenze senza appellazione, ed in caso di frode di patroni o mercanti, consegnavano i delinquenti al Podestà, il quale dannavagli alla pena stabilita dalle leggi . Negli scali di Levante, e ne' paesi stranieri i Consoli ivi tenuti come abbiamo osservato da' diversi popoli, erano quelli che decideano le differenze de' cittadini loro, ed erano i mercanti e patroni tassati a pagar loro uno stabilito diritto per conto di provisione, il quale era regolato a proporzione di lor faccende . Tutti questi diversi ordini tendevano tutti a togliere ne' negozianti ogni frode, ed a mantenere la buona fede, senza la quale non può esistere per niun modo il commercio, e la durata di essi, che ancora a' nostri giorni si osservano ci fa conoscere con qual giustezza pensassero i nostri antichi sopra questa materia*

In sì avventurosa fortuna fu in Italia il commercio nel Secolo XIV, che paragonandolo al presente, e' ci parrà sicuramente sogna-

re ; ma la saviezza , e lo ingegno de' cittadini
nostri o liberi o governati da' proprj Princi-
pi cagionarono tanta prosperità . L'amore spar-
so allora universalmente in Italia alla navi-
gazione ed a' traffichi fe nascere tra noi eccel-
lenti navigatori , e mercanti industriosi , che
sparsero per tutto il mondo le conoscenze ed
industria loro . A noi debbono gli Oltramon-
tani la discoperta delle Coste di Africa , del-
le Indie , e del nuovo Mondo , a noi la per-
fezione a cui sono modernamente aggiunti ne'
lavorij de' panni e nelle altre manifatture , a
noi i savj ordini , co' quali stabilito hanno il
commercio loro . Si cessi adunque di avvilire
l' Italia , come da gente non bastantemente ra-
gionata nelle passate cose suol farsi , chiaman-
dola pigra nell' industria , e nelle opere mec-
caniche inferiore agli Oltramontani , e ricono-
scasi da quanto ho io detto fin qui , che non
solo nelle arti e nelle lettere , nelle quali va
al pari della Grecia e di Roma superba ,
ma pur nel commercio , nell' industria , e nel-
la navigazione è medesimamente di ogni altro
popolo madre e maestra .

VIAGGIO

D I

LIONARDO DI NICCOLO' FRESCOBALDI

FIORENTINO

IN EGITTO E IN TERRA SANTA.

Partimoci di Firenze a dì 10. Agosto 1384.
il dì di San Lorenzo Martire nel nome di Cristo Crocifisso, e andamo a desinare con Guido di Messer Tommaso di Neri a un suo luogo a Montughi presso alla Lastra ; e dopo
mangiare ci partimo, e andamone per la via
della Scarperìa, e di Bologna, e di Ferrara,
e per la via di Chioggia e giungemo a Venezia, dove ci fornimo di stramazzi e panni
necessarj al pellegrinaggio per mare, e per
lo diserto onde speravamo di passare. E la
nostra stanza di Vinegia diliberamo fussi in
casa di Giovanni Portinari, grande mercatante Fiorentino, ed a me Lionardo sopradetto
parente. Nel quale luogo io ammalai d'una
continua e due terzane ; ma colla grazia di Dio
prima cercai e' perdoni e indulgenze, e' luoghi notabili di Vinegia. Alla Chiesa di S. Lu-
cia di Vinegia, vedemo il suo corpo intero,
ed è bellissima e notabile reliquia, ed hannovi i Vineziani grandissima devozione. Al Monistero delle Donne di San Giorgio, vedemo
il corpo di Zaccheria padre di Santo Giovan-

ni Battista, ed il corpo di S. Giorgio di Na-
zaret, e il corpo di S. Teodosio Martire,
tutti e tre interi e saldi, e sono bellissime
reliquie in uno altare insieme. Nella Chiesa
di San Cristofano sì dicono che v'è il suo
capo, e noi vedemo il suo ginocchio ed è
grandissima cosa a vedere. Nella Chiesa di
San Giorgio fuori di Vinegia, vedemo il corpo suo intero, ed è bellissima cosa a vedere, e vedemovi un gran pezzo del Legno della Santa Croce, un dito della mano di S. Jacopo Apostolo, e tre dita della mano di S. Costantino Imperadore Romano. Nella Chiesa di
S. Donato a Murano fuori di Vinegia, vedemo in una grande arca di pietra cento novan-
totto corpi di fanciulli piccoli interi; i quali
dicono che furono del numero degli innocenti, che Erode fece uccidere, a' quali si vede
i colpi e le ferite chiaramente a ogni membro naturale. Dicono che solevano essere dugento, ma quando i Veneziani feciono la pace
col Re d'Ungheria, per patto n' ebbe due.
Nella Chiesa di Santa Marina in Vinegia è il
suo corpo. La detta Santa Marina essendo
fanciulla si partì dal padre e dalla madre con
vestimenta masculine, ed entrò in uno Mo-

nasterio di Monaci mostrando d' essere garzone, e molte cose le furono apposte, cre-
dendo fussi maschio. Visse in santa e per-
fetta vita, ed alla fine della sua vita ren-
dè l' anima a Dio. Trovamo a Vinegia molti
pellegrini Franceschi e alquanti Viniziani, fra
quali fu Messer Remigi Soranzi di Vinegia,
il quale convitò una sera a cena tutti quelli
che doveano andare al Sepolcro, che furono
gran numero e feciono capo di lui, e fecesi
grande onore, e la sua casa parea una casa
di oro, ed havvi piu camere che poco vi si
vede altro che oro o azzurro fino, e costò-
gli da dui mila ducati, e bene tre mila ve
ne spese poi lui. Trovamo in Vinegia di nostri Fiorentini per andare al Santo Sepolcro,
Santi Del Rinco, e Simone Sigoli, e Antonio di Paolo Mei, e un prete di Casentino.
Tutti questi pellegrini Viniziani e Fiorentini
voleano andare al Santo Sepolcro in Gerusalem sanza andare a Santa Caterina, o in Egitto; salvo noi tre (1) ch'eravamo mossi insie-

(1) *I tre come si è osservato nella pre-
fazione sono esso, Guccio di Dino Gucci,
Andrea di Francesco Rinuccini.*

me con uno famiglio per uno e aggiunto uno spenditore. Voleano tutti questi altri fare il viaggio in sulle galee, per prendere ogni sera porto. Noi diliberamo fare porto in Alessandria, e quivi principiare le nostre cerche per lo Egitto; e noleggiamoci in sù una Cocca nuova Viniziana di portata di settecento botti, pagando Ducati XVII per testa. Vedendo questi pellegrini Fiorentini, che noi volevamo fare le cerche maggiori d' Oltremare, e principiare ad Alessandria, crebbe loro l' animo, e accozzoronsi con esso noi, e diliberarono fare quello che noi. Fatte tutte queste cose, come detto è, ed appressandosi il tempo del muovere, io Lionardo sopradetto infermai, ed appresso infermò il prete di Casentino, che s'era accompagnato con esso noi. E la detta infermità più dì ci tenne impacciati; pure come piacque a Dio diliberamo così malati metterci a camino; e simile diliberò il detto prete; e fornimoci di confetti, ed altre cose necessarie a uomini non sani per consiglio di medici Vineziani. In Vinegia ci fornimo di molte cose, infra le quali compramo una botte di buona malvagìa, e infra le altre cose compramo un cassoncel-

Io per mettervi sentro certe nostre cose di
vantaggio , come s' era il libro della Bibbia
ed Evangelij , e' Morali , e tazze d' ariento ,
e. altre .cose sottili. E dal detto cassoncello
spiccamo una di quelle spranghe , che si con-
ficcano nel coperchio della parte di sotto , e
con uno brusto ne votamo parte , sinchè dentro vi nascondemo Ducati secento nuovi di
zecca , de' quali n' erano dugento di ciascuno
di noi tre , e dugento Ducati portamo di grossi Viniziani d' ariento , e cento in oro , e
l' avanzo insino in Ducati settecento che portamo per uno di noi tre , portamo in Lettere di pagamento in Alessandria , che v' era
pe' Portinari Guido di Luca , e in Damasco
Andrea di Sinibaldo da Prato , che v' era pe'
detti Portinari. E a dì 4. di Settembre nel
1384. la mattina di buon' ora tutti noi pellegrini ci comunicamo del vero corpo di Cristo, la maggior parte alla Chiesa di San Marco . Ma Lionardo e 'l detto prete per la cagione della loro infermità si comunicarono ad
altra chiesa più propinqua a loro , e fummo
in tutto quattordici in compagnìa. La Cocca
in sulla quale andamo si chiamava Pola, e 'l
padrone di detta Cocca si chiamava Messer

Lorenzo Morosini, nobile e gentile uomo di
Vinegia. La detta mattina a dì 4. di Settembre tiramo la detta Cocca tre miglia di
lungi a Vinegia, e quivi missono le ancore
in mare, e compierono il suo carico, che 'l
forte erano panni Lombardi, e ariento in pani, e rame fino, ed olio, e zafferano. La sera a ora di vespro montamo in sur uno bri-
gantino a sedici remi, e con esso noi molti
nostri amici Fiorentini e Vineziani, e andamocene alla Cocca, e fattoci il segno della
Santa Croce, vi montamo sù noi e la nostra
compagnia, e beuto con questa brigata, eglino ismontorono dalla nave e tornoronsi a Vinegia. E noi nel nome dell'Onnipotente Iddio facemo vela, e perchè la Cocca non era
ancor compiuta la coverta, nè i castelli,
vi vennono sù molti maestri, che tuttavia la-
voravano, e soldò il padrone oltre quegli del
servigio della Cocca da XV Balestrieri giovani da bene. Sicchè tra mercatanti, e pellegrini, e soldati, e la brigata della Cocca,
parea assai sofficiente compagnia. Navigando
con soavi venti per lo golfo di Vinegia per
insino presso al Sucino, quivi avemo un poco di fortuna. Ma perchè la Cocca era nuor

va e grande , parea si facesse beffe del mare . Ma una galeazza disarmata , carica di pellegrini , che veniano dal Sepolcro , perchè
era vecchia aperse , ed affogarono circa a dugento , tutta povera gente , e per pagare poco
nolo si missono in sì cattivo legno , come
avviene il più delle volte , che le male derrate sono de' poveri uomini ; ma secondo la
nostra Santa Fede costoro n'aranno avuto miglior mercato di noi , perocchè penso che sieno a piè di Cristo . Navigando otto giorni
bene , poi cominciò una grandissima fortuna ,
e riducemoci all' Isola del Giante dirimpetto
ad un monte vuoto . Il quale monte si chiama Lispanto , e questo secondo li loro vocaboli Greci diriva da uno serpente , che era
in quel luogo , chiamato Lispanto , ed appresso a quel luogo è una vena nerissima , la quale mena gran quantità di pece , ed evvi per
questo grandissima puzza di pece riarsa . Qui
soggiornamo sei dì andando a prendere rinfrescamento di cavretti , e d' agnelli da quattro corna , e di polli , ed uova , e formaggio , e frutte . Comechè poche frutte vi si
trova , senonchè carube , cioè pomi , e questi quando sono secchi e tragga vento , fan-

no grandissimo romore, perchè si percuote
l'uno carubo coll'altro ; ed havvi grandissima quantità di grana da tignere. E restati i
venti ci tiramo in sul mare, e facemo vela,
avendo i venti per noi, ed a dì 19. del detto mese di Settembre giugnemmo a Modona.
Il quale è bello castello, e bene murato, ed
è nelle parti di Romanìa, e quivi si ricoglie
il forte della Romanìa, che si navica per lo
mondo. E quivi giugnemo di vendemia, dove
non trovando niuno vino vecchio, e le Ro-
manìe nuove che fanno imbrattano tutta la
botte drento di ragia a modo d'intonico, e
se così non facessono per la grassezza del
vino, tutto diventerebbe verminoso e guasto.
E quivi trovamo per Podestà un gentile uomo Viniziano della Casa de' Contarini, il quale ci fece grandissimo onore, con farci lettere al Consolo Viniziano d'Alessandria, e a
quello di Baruti, e al gran Turcimano del
Soldano, il quale era Viniziano rinegato, e
avea per moglie una nostra Fiorentina rinegata, quando e come diremo delle cose del
Cairo, faremo menzione. Per infino a questo
luogo sempre mi tenne la febbre, e sempre
stetti a pollo pesto. E in questo luogo mi

lasciò libero , e quivi morì il prete di Casentino nostro compagno , il quale come avem-
mo tratto di mare , e posto in terra in sur
uno stramazzo , passò di questa vita , che prima era stato parecchi dì quasi in fine di morte . Facemolo soppellire nel detto Castello a
una Chiesa dell' Ordine di San Domenico che
v' è . Dirimpetto al porto di Modona si è un
grandissimo poggio , il quale si chiama il poggio della Sapienza , nel qual poggio anticamente solevano andare i filosofi e' poeti a fare
loro arte , e in sù questo grandissimo monte alla sommità di esso si è una certa terra
imbertescata di legname , e in sù quella stanno certe guardie ; e come veggono apparire
vele per mare , fanno cenni con certi panni
lini bianchi in sù mazze , secondo di che parte vengono , avendo dati e segni quanto è di
mestiere a difesa ed offesa , per modo che 'l
porto , che è tra questi due monti , cioè tra
quello di Modona , e quello della Sapienza ,
è sicurissimo da' Corsali , come da' venti. Ha
nel poggio della Sapienza molti Romiti a fare
penitenza de' loro peccati . Quasi a mezzo la
costa del poggio si è una Chiesa dov' è il corpo di Santo Leo ; e in quello paese ha molti

I

piloti, cioè conoscitori dove sono gli scoglj
in mare coperti dalle acque. Il detto Castello di Modona (comechè molti ignoranti di-
cano città) è di lungi a Vinegia mille miglia. Tengonlo i Viniziani, come per le pre-
dette passate parole si può comprendere. Al
dì 20. del detto mese di Settembre, essen-
doci la sera dinanzi forniti di rinfrescamento di carne, d'acqua, aceto, e di formaggio,
e d'aglj, ci partimo da Modona, andando riva riva alla marina infino appiè di Chorone,
che ancora è de' Viniziani in Romanìa. E quivi ricogliemo certe mercatanzie di mercatanti
Viniziani, ch'erano iu sulla Cocca, dove eravamo noi. Presa la mercatanzia ci partimo
delle parti di Romanìa pigliando alto mare verso Alessandria, e lasciando l'Isola di Creti a
mano manca, ed a mano ritta una Isoletta
divisa in due partj, la quale si dice si divi-
se per sè medesima, quando i Viniziani recarono dalla Città d'Alessandria il corpo di
San Marco Vangelista, facendo luogo alla nave. Così con dolce tempo andamo insino nel
porto di Alessandria vecchia, dove giugnemo
la notte, venendo a dì 27. del detto mese
di Settembre. E per temenza de' Saracini git-

tamo i ferri di lungi alla terra , istando da
primo sonno insino a dì in tanta afflizione per
lo mare , che in ninferno non si potrebbe
avere più ; sempre essendo la Cocca combat-
tuta per costa da' venti , sicchè ora andava
l'una costa in aria , e l'altra a terra , scam-
biandosi l'una in giù e l'altra in sù , sanza
avere mai punto di requie . Come e' fu fatto
dì vennono a noi sopra una giarma*, cioè barca certi ufficiali Saracini di quegli del Soldano in numero di venti tra bianchi e neri , e
guardarono la mercatanzia e gli uomini che
erano in sul legno , sanza scrivere niente , e
portarone la vela e 'l timone com' è di loro
consuetudine . Dipoi vennono gli stimatori del
Soldano e 'l Consolo de' Franceschi e de' pellegrini , e bastagj , cioè portatori , e tolsono
noi e nostri arnesi questo dì XXVII di Settembre , e menarono drento della porta d'Alessandria , e rappresentaronci a certi ufficiali ,
i quali ci fecioro scrivere e annoverare come
bestie , e assegnaronci al Consolo predetto ,
facendoci prima minutamente cercare infino
alle carni , e le nostre cose mettere in doa-
na , poi le sgabellarono , e sciolsono , e cercarono ogni nostro legato di fardelli e di va-

ligie . E veramente dubitamo , che non tro-
vassino li secento ducati nascosi nel regolo
del cassoncello , perche l'aremmo perduti , ed
arebbonci peggio trattati . Fecionci pagare due
per centinajo così di moneta d' argento come
d' oro , e di nostre cose , e fecionci pagare
ducati uno per testa per tributo . Dipoi ce
ne andamo con questo Consolo alla sua abitazione , la quale è grandissima e bene situata . Costui è di Francia e ha moglie Cristiana , nata in Saracinìa , che tra amendue hanno meno di una derrata di fede . Ed asse-
gnòcci quattro camere sopra a una cortella ,
nelle quali non ci assegnò, altro che lo spazzo , ed in ognuna una gabbia grande , quasi
come una stia da capponi , sopra le quali po-
nemo i nostri stramazzi per sù dormirvi . Dinanzi all' uscia delle camere era di larghezza
di braccia cinque una volta in colonne con
uno parapetto dinanzi ed iscoperta ; questa
va intorno alla corte a modo di un chiostro
di Frati , e di sotto alle camere tengono mercatanzia . Questo nostro Consolo ci dimandò ,
se volessimo tornare alle sue spese , dicemo-
gli di sì , e tenneci a tanto a scotti , menoc-
ci al Consolo de' Viniziani , e a quello de'Ca-

talani , e a quello de' Genovesi , e a Guido
de' Ricci che v' era pe' Portinari , e a tutti
aveamo lettere di raccomandigia . Da loro fummo ‚bene ricevuti , e da ciascuno fummo in-
vitati una mattina a desinare , e riccamente
ci tennono , facendoci grandissime proferte , e
accompagnandoci per la terra , come se noi
fussimo ambasciadori . Sappiate che la città
d' Alessandria , non è al dì d oggi , ov' ella
era al tempo di Faraone Re d' Egitto , ma
sta poco di lungi dall' Alessandria vecchia ,
ove fu mozza la testa a San Marco Evange-
lista . Alessandria nuova , quale prese già il
Re di Cipri , quando fecè il passaggio , è quella medesima che oggi . Bene è vero che poi
che i Saracini la riebbono , l' hanno molto
rafforzata di belle mura e di spesse torri sù
per le mura tutte tonde e di buoni fossi , e
dicono che Alessandria fa tra di Saracini e
Giudei , e Cristiani rinegati sessanta migliaja
d' uomini . Istavvi uno Ammiraglio con gran
gente d'arme a guardia‚della terra e del paese , e farebbono villanìa se s'avvedessino guar-
dassimo le loro fortezze , perciocchè ridotta-
no più i Cristiani di quà , e quali e chiamano Franchi , che non fanno gli altri Cristia-

ni di qualunque generazione , comechè noi
siamo minore numero. E questo nominare
Franchi procede da' Franceschi , che tutti ci
appellano Franceschi. La gente dell' arme ,
ch' è sotto questo Ammiraglio , sono Tarteri , Turchi , e Arabi , e alquanti di Sorìa.
Costoro non vanno armati del dosso nè della
testa , salvochè certi caporali , e radi di co-
razza e di panziera In capo portano uno
cappelletto , involtovi intorno una melma bianca , attorcìata alla Saracinesca di tela di lino.
Alquanti v'ha che portano arco Soriano , ed
una scimitarra cinta. La scimitarra è in similitudine di spada , ma è più corta e un
poco torta all' ansù , e sanza punta. I loro
cavalli sono quasi come barbereschi , e d'una
taglia , e sono gran corridori , e tengongli
nella stalla sanza lettiera , o mangiatoja. Bene tengono loro una covertella a' fianchi , la
biada mettono in uno sacchetto e legagliene
al capo con due cordelle per modo vi può
mettere la bocca drento, e così danno la biada. In Alessandria si v'è uno Signore per
lo Soldano , il quale è chiamato Lamelech ,
che tanto è a dire quanto Re. Costui istà
nelle case e palazzo che furono di S. Cate-

rina vergine, ma stanno in altra forma che
allora, la quale appresso diremo. L'abitazione di questo Signore è grandissima, e prima
che tu giunga al palazzo Reale, tu truovi una
porta grandissima, alla quale trovamo gran
brigata di soldati. E il nostro Consolo disse
a uno di que' caporali, il Signore ha mandato per questi pellegrini, sicchè e' vengono
a ubbidire i suoi comandamenti, parlando in
loro lingua. Di subito si mosse uno di loro, e penò gran pezzo a tornare, dove s'andasse non sò, ma subito ci missono dentro
al cortile, e menaronci in capo del cortile a
una porta, dov' era bella loggia, ed eravi di
molti baroni cortigiani. Costoro ci riccolsono
lietamente, e parte di loro ci missono in
mezzo menandoci sù per una bella e larga
scala. In capo di questa scala si ha una parte d'una gran sala, dove tutti fummo fatti
scalzare, e poi fummo messi dentro alla sala. Dalla parte di sopra si era a sedere in
sù drappi di seta in terra colle gambe incrocicchiate questo Re, e' suoi baroni gl' erano
ritti innanzi, ed era bene insino al terzo della sala pieno lo spazio di bellissimi tappeti,
e intorno per le parti delle mura bellissimi

capoletti . L' altra terza parte della sala anche era di tappeti manco così orrevoli , nè sì
bene acconcia . La terza parte ch' era inverso la porta della sala , donde noi fummo
messi dentro, era lo spazzo coperto di stuoje
bellissime e di giunchi marini . Prima che
noi intrassimo in sulle stuoje fummo fatti in-
ginocchiare , e baciare ciascuno la sua mano
ritta , poi come giugnemo a' primi tappeti ci
feciono fare 'l simile , e così agli altri dove
siede 'l Signore . Il quale al suo Turcimano
ci fece dimandare di molte cose intorno a' nostri costumi , e delle nostre maniere e po-
tenze , e dello Imperio e del Papato , volendo
sapere s' era vero che 'l nostro Imperadore
non avessi presa la corona , e se noi aveamo
due Papi , come si dicea per la gente , che
di qua v' andavano . Di nostra potenza , ardire , e virtù rispondemo , quanto pensamo che
fusse l' onor di Dio e di Santa Chiesa e nostro debito . Di questo non dimandava sanza
perchè , perocchè così era in differenza il paganesimo come noi , come ne' trattati del Soldano vedrete , quando parleremo di sua condizione . Partimoci dal detto Signore , e andamo a vedere la maniera della città , e de'Luo-

ghi Santi , e dell' altre degnità della Terra
Alessandria nuova si è in sulla marina , come detto è , ed è grande bene come Firenze , ed è mercantesca Terra , e spezialmente di spezierìe , e zucchero , e drappi di seta , perciocchè ha dall' un lato il mare , ed
ivi presso vi corre ed evvi fatto per forza un
canale , il quale esce del Nilo, il quale Nilo
è parte del fiume di Gibz che esce dal Paradiso Terresto , e l' altra parte va per l'India , come innanzi diremo , e valica presso
al mare rosso . Sicchè per lo mare e per lo
Nilo si navica molte delle dette mercatanzìe
di mezzo giorno , e vengono molte per le loro
carovane in sù Cammeli , e tutte fanno capo
in Alessandria , o in Damasco . E per questo
si è la Terra più nobile , e sì perchè per essa alla Imperiale Città del Cairo , dove istà il
Soldano , ha trecento miglia , sicchè è d'Alessandria al Cairo 3oo. miglia . Hanno di costume , quando e' muore uno cittadino da bene di farlo soppellire a' loro cimiterj , che
sono fuori della città in un campo verso Ales
sandria vecchia , ed accompagnalo gran numero di Saracini , secondo la condizione dell'uomo morto . E s' egli è ricco , sì gli ò man-

dato drieto molti portatori carichi di castroni
vivi, i quali si uccidono, e dannosi per Dio
mangiare a' poveri e a' sacerdoti. E così ciascuno fa la limosina secondo la sua condizione e potenza, e non si vogliono trovare innanzi in quelle andate nessuno Cristiano, anzi si levano loro dinanzi. In Alessandria si
è la carcere, dove fu messa S. Caterina, ed
ivi appresso sono due colonne, sopra le quali
furono poste le ruote per martirizzare Santa
Caterina, le quali per miracol di Dio, come
la toccarono tutte si spezzarono. Nel mezzo
tra queste colonne le fu tagliata la testa. Ancora v' è dove San Giovanni Boccadoro fece
la penitenza. Ivi è la pietra, in sù che fu
tagliata la testa a San Giovanni Battista in Se-
bastea nella prigione d' Erode. Di fuori d'Alessandria per un mezzo miglio si è la Chiesa di
Santo Atanasio dove fece ,, *Quicumque vult sal-
vus est*. In Alessandria ha molte generazioni
di Cristiani, come ha nel Cairo e in Gerusalem, come per lo innanzi diremo. Sonvi
le Moschete, cioè Chiese de' Saracini, le quali non hanno intaglj, nè dipinture, anzi sono dentro tutte bianche ed intonicate ed in-
gessate. In sù loro campanili non ha campa-

ne , e non ne trovamo niuna in tutto 'l paganesimo , anzi stanno sù i loro campanili i
loro Cappellani e Cherici il dì e la notte , gridando quando è l' ora , come noi soniamo .
E'l loro gridare si è di benedire Iddio e Maumetto ; poi dicono crescete e multiplicate ed
altre parole disoneste . Fanno i Saracini gran
sollennità il lunedì , e dicono che è il loro
dì santificato , che negli altri dì non s'asten-
gono di niuna disonestà , nè fanno niuna orazione . Il lunedì di buon' ora e' gridano d'in
sulle loro moschete , che 'l popolo si vada a
lavare al loro bagnaccio , che le loro orazioni siano esaudite nel cospetto di Dio e di
Maumetto . Levati che sono , quasi in sull'ora
di mezzodì , se ne vanno nelle loro moschete
a fare le loro orazioni , le quali durano circa
a due ore . Come detto è , le loro moschete
sono tutte bianche dentro con gran quantità
di lampane appese , e tutte hanno cortile in
mezzo , e non vogliano che v' entri veruno
Cristiano ; e chi v' entrassi si gli è pena la
vita , o rinegare la fede . E quando e' fanno
le loro orazioni , tutti e' Cristiani Franchi sono serrati in' una abitazione chiamata il Cane ,
e serragli il Canattiere ch' è sopra ciò , e

questo nome diriva da dire, che noi siamo
cani. Le altre generazioni di Cristiani non
sono serrati, ma stanno in casa, insino a
che escono dalle moschete loro. In Alessandria passamo giorni . . . tra per fare le cerche, e vedere la nobiltà della Terra, e per
riposare del disagio ricevuto in mare, e per
fare fare certe fette di seta alla misura del
Sipolcro, le quali son buone a Donne, che
sono sopra a partorire, e per riempiere la
nostra botte di malvagìa, e per portare con
esso noi del vino nel diserto, il quale ci fu
malagevole ad avere, perchè la loro legge
niega loro il bere vino, e convennecelo pro-
cacciare dal Consolo de' Viniziani. A dì 5. di
Ottobre ci partimo d'Alessandria, e pagamo
ducati quattro per testa di diritto, e fummo
assegnati a uno Turcimano e ad un suo figliuolo che ci dovessi rassegnare nel Cairo di
Babilonia al gran Turcimano del Soldano, il
quale è Cristiano Viniziano rinegato, come innanzi facemo menzione. Costui ci fece buon
servigio secondo Saracino. Questo dì entramo
in una giarma Saracinesca, cioè barca, al sopradetto canale del Nilo. Per esso ad Alessandria ha un miglio navigando. Sù per lo

detto canale si trova molti casali , e bellissime abitazioni di cittadini , e molti giardini
e terre fruttifere ; il forte di frutti che vi
sono , sono datteri , cederni , limoni , arancj , cassia , carubi , pomi , fichi di Faraone,
che fanno sette volte l' anno'. Per le parti
d' Alessandria e per l' Egitto sono i frutti
molto dolci , e massimamente i cocomeri , perchè gli pongano , donde levano e divelgano
la canna mele del zucchero . Evvi una generazione di frutte , che le chiamano muse , che
sono come cetriuoli , e sono più dolci che
zucchero . Dicono che è il frutto , in che
peccò Adamo , e partendolo dentro per qualunque modo , vi trovi una croce , e di questo ne facemo prova in assai luoghi . Le sue
foglie sono come dell'ellera , ma più lunghe,
il suo gambo è come di finocchio , ma è molto più grosso , e seccasi e rimette ogni anno
una volta . Trovasi nel detto canale una pa-
lata di legname , e come se tu dicessi una
pescaja . Per questa s'allagano ed annaffiansi
molti giardini e altri terreni ; e pigliavisi grande quantità di pesci buonissimi e begli , ma
trovasi cattivo oglio . Dipoi uscimo di questo
canale , ed entramo nel Nilo per le parti

dell' Isola di Roscia ; e 'l primo casale che
trovamo, cioè castello sanza mura, si fu quello di Suga. La detta Isola e in mezzo di due
rami del Nilo, e dalla terza parte è il mare.
Sopra uno di questi rami del Nilo è la Città
di Damiata, ed havvi in questa Isola circa dugento ville, come Prato grandi, e la detta
città è per due volte Alessandria. Gira questa Isola circa a cinquecento miglia, ed è
delle più abbondanti del mondo. In questa
Isola si riccoglie grandissima quantità di zucchero, e di grano, e biada, e datteri in-
finiti, ed havvi cocomeri grandissimi dolci
come zucchero Trovamo in sulla riva del
Nilo uno serpente di lunghezza d' otto braccia, e più grosso che uno mezzano uomo alla coscia. Il suo colore e la sua schiena è
unghiosa, come sono gli schienali dello storione secchi. Il detto fiume del Nilo comincia a crescere di Giugno, e così viene crescendo infino a Ottobre, poi scema per maniera, che i piani ch' egli ha allagati si seminano in sù quella belletta, ch' à fatta l'acqua
gittando il seme sopra essa e rimenandola co'
loro artificj. Quando il fiume è minore, il
canale l'acqua sua è d' altezza braccia sei, e

quando è maggiore è d'altezza braccia venti ;
sicchè il suo rempiere è braccia quattordici ;
e l'allagare è secondo che trova di pianura ,
che v'è in molta luogora , che pare un mare. Dove non aggiugnesse l'allagare del fiume , ed e'volessino seminare , hanno loro artificj di ruote , che co'buoi le fanno volgere , e collare sù grandissima copia d'acqua
per modo che inzuppa il terreno ; sicchè si
può lavorare e seminare E questo si è loro
di nicissità così fare , perocchè in Egitto non
piove mai Il grano che seminano è maturo
da mietere in novanta dì , e volendo rinaffia-
re e lavorare la terra , vi si fa due riccolte
l'anno ; comechè questo faccino rade volte
l'anno , perocchè non bisogna loro ; perchè
lo Egitto è de'più grassi paesi del mondo ; e
rispondono le loro sementa da cinquanta a cento secondo e'paesi , e i loro gambi del grano sono grossissimi e nespi In sulla riva
del Nilo trovamo grandissima quantità di gar-
zoni e fanciulle d'età di quattordici anni o
circa , tutti ignudanati , neri come carboni , i
quali ci richiedevano de'limoni , com'è di loro usanza chiedere a chi naviga sù per lo
Nilo , o noi gli scagliavamo loro , ed eglino

riccoglievano sanza avere niuna vergogna
Dall'Isola di Roseto in sù vi sono due rami
pure in uno canale, e da ogni parte gran vil-
late, e molto abitate e ricche di vettovaglia .
Trovasi una città quasi disfatta, che al tempo de' Cristiani fu nobile e ricca Allora era
chiamata, e ancora oggi si chiama Teorgia.
Dal dividere di detti rami che abbracciano
l'Isola di Roseto in giù infino al mare si ha
di corso cento venti miglia, e gira la detta
Isola circa cinquecento miglia come detto è;
ed è dove fu preso il Re di Francia, quando fece il passaggio nelle parti di Saracinìa.
Al sopradetto Re fu posto di taglia due mil-
lioni di fiorini, e lasciato alla fede, lasciando per gaggio il corpo sacrato di Nostro Signore Gesù Cristo in uno calice, il quale al
termine promesso con gran riverenza riscos-
se. E gli ammiraglj e le gente dell'arme del
Soldano per questa vittoria, e per ischerno
della nostra fede, portano dipinto nelle loro
coverte de' cavagli un calice . Fra l'Isola di
Roseto e il Cairo poco di lunge al fiume, si
trova la Chiesa di Santo Macario, coperta
di piombo, e la sua tribuna è in sù certe
colonne di pietra, e in quel luogo è il corpo

suo . Io vidi un guardiano di bestie grosse met-
terle a valicare il fiume a nuoto , dov'era lar-
go più di due miglia e mezzo , ed egli ignudo legarsi due zucche lunghe sotto alle braccia insino alle coscie , e con una mazza in
mano mettendosela innanzi valicò il fiume egli
e le bestie . Giugnemo al Cairo e a Babilonia , che è quasi una medesima cosa a dì XI
di Ottobre , e là quel Turcimano , a cui fummo assegnati in Alessandria ci menò al gran
Turcimano del Soldano , il quale è sopra
tutti e Turcimani del Soldano   Costui ci fece mettere in una casa noi e le nostre cose .
A questa casa andamo per uno canale che
esce del Nilo , ed è questa abitazione circa a
trecento miglia fra terra . Per la via d'Alessandria insino al Cairo trovamo moltissimi navilj di Saracini carichi di mercatanzia , ed
eravi in sù ciascuno grandissima quantità di
donne di bassa mano , grandissime mercatan-
tesse , le quali andavano in Alessandria , e per
l' Isola di Rosseto a fare loro mercatanzie .
Entrati nella casa demo più lettere a questo
gran Turcimano , il quale era Viniziano rinegato , ed avea per moglie una nostra Fiorentina rinegata ella e 'l padre , e di là

K

l' acquistò, e fu questo nostro Fiorentino gran Turcimano mentre che visse innanzi a costui. Le lettere che gli demo, avemo da' suoi amici, e dal Consolo de' Viniziani d' Alessandria. Mostrò di vederci volentieri e fececi assai proferte. Bene è vero che un poco ammaninconì, perchè nella lettera di Vinegia si raccontava come il suo padre era morto, del quale prima non sapeva. Nella città del Cairo e di Babilonia abita il Soldano. Il suo castello è appunto dove fu quello del Re Faraone Re d' Egitto, e dove fu allattato Moyses. Il dì che giugnemo al Cairo tornava il Soldano dalla caccia ed era stato più dì, ed aveano cinque mila padiglioni che mai non fu più ricca cosa. Il Soldano fu Cristiano di Grecia, e fu venduto per Cristiano quando era fanciullo a uno Ammiraglio, come tu dicessi Capitano di guerra, ed egli 'l tenne per paggio. E quando e' fu maggiore, e' gli diè cavagli presso a sè, e quei venne facendosi grande tanto, che fu fatto uno degli Ammiraglj del Cairo. E sappiate che 'l Cairo ha XII Ammiraglj, ma i due sono i più principali, e così il Cairo ha XII contrade, come tu dicessi Firenze quattro quartieri, ed

ogni Ammiraglio ha guardare la sua contrada,
e ciascuno ha grande numero di gente d'arme
sotto di sè E quando egli si vide cresciuto
tanto che fu Ammiraglio, tanto fece, che
venne a essere l'uno de' due maggiori Ammiraglj ; e poi ordinò d' uccidere l' altro grande Ammiraglio, e lo che fatt' ebbe, corse
la Terra per sè, e prese il Soldano, e mis-
selo in prigione con tutto suo parentado, e
corse per sè tutto il paganesimo, e rifermò
a suo modo; e quando giugnemo nel Cairo
avea già regnato due anni. Fatto queste ebbe
il Califfo, come tu dicessi il Papa, e vol-
lesi fare confermare : disse nol potea fare,
perocchè la loro legge vuole, che chi è Soldano sia Saracino, e che il suo padre era
Cristiano. Di subito egli 'l fece prendere e
mettere in prigione, ed elessene un' altro,
e a quello si fe confermare, e rimutare tutt' i
cadì, cioè a dire tutt' i Vescovi delle sue
città E fatto questo con grande ispendio ordinò con certi cattivi Cristiani di Grecia, che
ingannevolmente gli menarono il padre, al
quale per forza fece rinegare la fede di Cristo, e circoncidere secondo la loro legge,
di che in brieve tempo tra per la pena e per

lo dolore si morì. Il Cairo e Babilonia si è una grandissima città di lunghezza di miglia dieciotto o più, e larga circa a otto miglia. Il fiume del Nilo è al lato alla terra e havvi buono porto. Eravi quando vi fummo noi tanti navilj, che accozzando quanti ne vidi mai tra nel Porto di Genova, e di Vinegia, e d'Ancona, non contando legni di due coverte, non sarebbono il terzo di quegli ch'erano quivi, comechè tutti fusseno di portata di quattro cento botti in giù. E di sopra al Cairo tre miglia in sulla riva del Nilo è dove nacque Moyses, e ivi fu messo in una culla impeciata nel fiume del Nilo. Alla piazza del Soldano presso al Castello, ove egli abita, stanno gran quanti à di lapidarj, i qua' tengono molte pietre preziose, come smeraldi, rubbini, balastri turchesse, e perle, e di ogni altra ragione. E ivi comperò Andrea di Messer Francesco nostro compagno per la sua donna alcune perle grosse, le quali le arrecamo con altre cose, che Andrea detto ci disse le recassimo, quando morì in Damasco. Di lungi al Cairo XIV miglia valicato il Nilo dalla parte di Babilonia, si trovano XII granaj di quelli che fece fare

Giuseppe al tempo di Faraone Re d'Egitto ne'dì della gran fame Questi sono ancora in piè, e sono quadri e ritratti a modo di diamanti, e sono tanto larghi da piè per faccia quanto è la loro altezza, e girano intorno mezzo miglio, e sono molto sotterra; benchè di questi granaj fussino molti più. Come io vi dico il Cairo è grandissima città, ed havvi molte donne, le quali fanno grandissima mercatanzia. Elle vanno in Alessandria, e per l'Isola di Rosseto, e in Damiata, e per tutto lo Egitto, come farebbe un gran mercatante, e per la terra vanno cavalcando in sù somieri bellissimi, e portanti come buon ronzini. Questi somieri si trovano alle piazze e per le strade in accatto, ed ogni somiero ha il suo fante. Questi non fanno altra arte, che prestare somieri a vettura, nè potrebbono fare. Avevane quando vi fummo noi di questi somieri circa settanta migliaja secondo si dicea. La loro moneta si è oro, e ariento in pezzi sanza essere coniato. L'oro chiamano bisante, e vale il pezzo ducato uno e un quarto di zecca; e solo i ducati Viniziani d'oro coniato v'hanno corso La moneta d'ariento chiamano da remi, e vale.

l' uno quanto un grosso Viniziano. E niune
altre monete d'ariento coniate che questi grossi Viniziani non v' hanno corso. Hannovi una
moneta di rame sanza conio, ch' essi chiamano folari. I novanta di questi vagliono nel
Cairo un daremo, ma altrove per lo paganesimo vagliano dove trenta e dove quaranta e
dove più e dove meno per daremo, e tutte le
loro derrate insino a cocomeri vendono a peso. Ha nella città del Cairo circa a venti-
cinque migliaja di Cristiani rinegati, comechè
de' nostri Cristiani ve ne sia molti pochi, anzi sono il forte delle altre generazioni. Havvi
grandissima quantità di cammegli palafrenati,
bellissimi e grassi, che non fanno veruna altra cosa che recare acqua dal Nilo a prezzo
vendendola per la Città. Dicevasi erano cento trenta migliaja di Cammelli, e dicevasi
nella Terra che v' era nel Cairo sei mila mu-
lini a secco. Di Cristiani v' ha di molte generazioni. Cristiani Latini, di questi ha pochi, Greci, Nubini, Giorgiani, Tiopiani,
Erminj, Cristiani di cintura, i qua' si battez-
zano col fuoco, e incendongli nella testa e
nelle tempia, e chi pure nella testa e in una
tempia, e chi pur nella testa, secondo le

generazioni . Questi di cintura convertì San
Tomaso , e però sì chiamano di cintura , perchè Nostra Donna gli diè la cintola sua quando n' andò in Cielo . Per le terre principali
d' Egitto ha gran quantità di pappagalli , e bab-
buini , e gatti di Faraone , e bertuccie , e
gatti mammoni , e molte altre feruccole   I
vestimenti delle donne sóno drappi il forte ,
e bene lavorati , e di sotto si hanno tele di
renso , o di lino alessandrino le più nobili ,
le altre portano boccacini corti infino al ginocchio , salvochè di sopra portano a modo di
un mantello romanesco , e vanno soggolate e
turate per modo , che non si vede nulla altro
che gli occhj ; e le più nobili portano una
stamigna nera dinanzi agli occhj , che non
possono essere vedute , ma bene veggono altrui . A' piè portano un pajo di stivaletti bianchi , e portano panni di gamba co' gambali
insino a' talloni , e alle bocche de' gambali molti adornamenti secondo la condizione della donna , chi seta , chi oro , chi ariento , chi pietre , chi perle ricamate in sù detti gambali .
Gli uomini vanno co' panni lunghissimi , e
sempre sanza calze o usatti , e sanza brache ;
e portano lo loro scarpette a guisa di pianel-

le chiuse ; e in capo una melma di tela bian‑
ca di boccaccino o di bisso ; e i loro vesti‑
menti bianchi, o di seta o di boccaccino, o
di lino finissimo . Gli uomini dello Egitto so‑
no vilissimi , e vanno sanza nulla armatura,
ed alcuna volta fanno quistione , che a noi
parrebbe che si dovessino tutti tagliare a pez‑
zi , e come uno grida *ista furla* subito sono
rappacificati , è a dire in nostra lingua pace
per Dio . I dodici Ammiraglj del Cairo , e co‑
me se tu dicessi i dodici Capitani di guerra,
e ciascuno ha a governare il suo esercito e
le sue milizie , e quella parte della città che
gli tocca , e niuno non s' impaccerebbe della
contrada , nè della gente dell' altro . I loro
soldati sono Turchi , Tarteri , Arabi , e al‑
cuno Saracino di Sorìa , e pochi rinegati così
di Giudei come di Cristiani di qualunque ge‑
nerazione . Nel Cairo ha Leofanti , de' quali è
la forma loro come si dipigne ; ed erane uno
nel cortile d' uno Ammiraglio , il quale era
legato per tre piedi con cre catene di ferro
a tre grossi pali , e sappiate che le sue gam‑
be non hanno giuntura nel ginocchio , anzi
sono d' un pezzo , e sono grosse come un
comunale uomo nella cintola . Il piè suo è

tondo come un'altro osso, ed ha intorno sei
dita. La coda sua è caprina, gli orecchj sono come ale di pipistrello, e grandi come
tavolaccj d'armare, e pendenti in giù. Ha
due denti di sotto ritti in su grossissimi e
larghi e lunghi circa a tre braccia ciascuno.
Il suo naso è grossissimo al lato alla bocca,
ed è lungo infino a terra, e sanza avervi
dentro osso punto, e dalla parte di sotto è
come due bocche di lampade; e con questo
prende il suo cibo, ravvolgendolo a modo di
ruotolo all'angiù, e rimettendoselo nella bocca; la quale ha nella parte di sotto quasi
come storione, e colli anari del naso gli vedemo vuotare un bacino d'acqua sanza rista-
re, e gittarla alta più di XV braccia, e
mugghiava sì forte che parea un tuono. E non
è meraviglia, perocchè la sua forma era per
più di tre gran buoi da carro. Il suo gover-
nale gli pose addosso una grandissima sella,
che dalla parte di sopra era ritratta a modo
di un pergamo, nel quale sarebbono stati parecchi uomini armati. La sua lettiera era un
monte di letame, al quale egli appoggiava i
fianchi, perchè essendosi posto a giacere per
non avere giuntura nelle gambe non si potea

---

levare. Trovamovi in altro cortile tre Giraffe. La Giraffa si è animale corpolente, come comunale Cammello, ed è mansueta come pecora, ed è di pelo di cerbio. I piedi suoi ha fessi come 'l bue, le gambe di drieto lunghe circa a due braccia; la coda come di capra, la schiena corta, le gambe dinanzi lunghe circa a quattro braccia, e il collo altrettanto, la testa ha come vitella di latte, e corna vestite di pelle come quelle del Cavriolo. La Città Imperiale del Cairo è doviziosa d'ogni bene, e massimamente di zucchero, e di spezierie, e d'ogni vettovaglia. Nella detta città alberga fuori la notte per non aver case più che cento migliaja di persone. Havvi grandissima quantità di questi che sono servigiali di diverse faccende, e il loro prezzo è quasi un daremo il dì, come se tu dicessi di nostra moneta soldi quattro e un quarto, o circa. In questa città del Cairo ha più gente che non in tutta Toscana, ed havvi via che v'ha più gente che non ha in Firenze. Nella Città ha moltissimi cuochi, i quali cuocano fuori nella via così la notte come 'l dì in gran caldaje di rame istagnate bellissime, e cuocono bellissime e buone carni. E niu-

no cittadino per ricco che sia non cuoce in
sua casa, e così fanno tutti quegli del paganesimo, anzi mandano a comperare da questi
bazar, che così si chiamano questi cuochi.
E molte volte si pongono a mangiare nella
via, dove istendono un cuojo in terra, e la
vivanda pongono in mezzo in un catino, ed
eglino intorno a sedere in terra colle gambe
incrocicchiate, o coccoloni. E quando avessono imbrattate le mani se le leccano, net-
tandole colla lingua come cani, che così sono. E non ne stanno contenti a una moglie,
anzi ne tengono tante quante ne possono pa-
scere, e non prendono dota da loro, anzi fanno dota alle donne secondo la loro condizione; non pagando però allora la quantità, e
così fanno patto quello le debbino dare ogni
dì per loro vita, e questo è per dì da un
daremo in tre, secondo le condizioni. I poveri non hanno pure una. E quando niuna
delle mogli rincrescesse al marito, e' la fa citare dinanzi al Cadì, come se tu dicessi il
Vescovo, e ivi le dà la dota promessa, e ciascuno rimane in libertà. E se poi avvenisse
caso che la rivolesse, ed ella lui ancora, la
ridota di nuovo, e così può faro insino s

tre volte e non piu , se poi non la facessi
usare prima con uno cieco . Ed havvi di quegli che in prova si fanno abbacinare per istare a fare tale esercizio . Il Soldano ha cento
mogli tra bianche e nere , come ebbe Maumetto , e niuna moglie ne ha di Signori , nè
di sottoposti a sè , nè non abita l' una coll'
altra , anzi ha ciascuna sua stanza per sè .
La Signorìa del Soldano è grandissima , ed ha
molti Re sotto a sè , e sono di tanta ubbi-
dienza , che assai volte il Soldano ha mandato un suo famiglio col suo signale e con
una canna di ferro appiccatavi una gonghia ,
e fattala mettere in gola a uno di questi Re ,
e menatolo a lui come un cane . I Saracini
del suo regno pagano certe gabelle ordinate ,
e da indi in sù non è posto loro niuna gra-
vezza . Ma a' Giudei e Cristiani di qualunque
generazione oltre l' ordinario han da pagare
ognuno ogni tredici lunarj ducato uno per testa . I loro anni Domini gli cominciano da
Maumetto , ed ogni anno fanno una quaran-
tina che dura un lunare , e non la fanno sempre d' un tempo . Il loro digiunare è di non
mangiare nulla dall' alba del dì insino a sera
notte ; poi tutta notte mangiano carne e ciò

che loro piace , cantando e ballando , e stan-
do sempre in festa . Il dì se ne vanno per le
loro moschete , e a' loro Santuarij , e a' loro
perdoni . Le loro moschete son tutte bianche
dentro con gran quantità di lampane accese .
I loro campanili sono alti sanza campane , ed
hanno ballatoj intorno , sù pe' quali ballatoj
vanno i loro preti a ogn' ora del dì e della
notte tre volte intorno gridando loro cose ;
poi dicono crescete e moltiplicate . E sappiate che i Saracini portano reverenza alla Vergine Maria , e a San Giovanni Battista , e a
Santa Caterina , e a tutti i Patriarchi del Vecchio Testamento ; e tengono che Cristo sia
da Maumetto infuori il maggiore profeta ; e
che non nascessi di corruzione di carne , ma
che l' alito di Dio Padre per la bocca dell'
Agnolo incarnasse il Verbo divino ; e in molte cose si accostano alla nostra fede . A dì
XII del detto mese facemo le cerche de' luoghi e chiese sante del Cairo e Babilonia . La
prima Chiesa è di Santo Tomaso Apostolo ,
e tengonla i Cristiani di cintura , ed è de-
votissima e bella Chiesa . La seconda Chiesa
fu quella di S. Barbera , ed è divota e bella ,
e vedemovi il corpo suo , che è divotissima

reliquia a vedere. La terza fu quella di Santa Maria della Scala e della Colonna, ed è
divotissima e bene adorna, e raccontasi in
questa due gran miracoli. L' uno d' una colonna, dove Nostra Donna è scolpita, che a
petizione del Vescovo, e de' Calòri di quella
Chiesa, calunniando alcuno Giudeo la nostra
fede in presenza del Soldano, ella parlò. Il
secondo miracolo si è, che la Domenica mattina; quando vi si dice la messa, vi si vede
un lume all' altare. In questa Chiesa pigliano
i preti Cristiani di que' paesi gli ordini sagri
dal Patriarca, che è pe' Cristiani in quella
Terra, e vengonvi insino di Grecia, ed ufficiasi pe' Cristiani di cintura. La quarta Chiesa si è quella di Santa Maria della Cava, dove Nostra Donna istette nascosa sette anni per
paura di Erode, quando si fuggì di Betlem
in Egitto col fanciullo. La Chiesa è divotissima quanto niuna del mondo; fecela fare Santa Elena madre di Costantino Imperadore; benchè ella facessi fare quasi tutte quelle del paganesimo; e nel luogo dove abitava Nostra
Donna, si è una cappella quasi sotterra, è
discendevisi nove scaglioni, ed e una caverna di pietra. Ivi si era il suo Oratorio, ed

oggi sì v' è un' altare , sopra 'l quale altare fa-
cemo dire messa al guardiano di Monte Syonne de Gerusalemme Frate Minore , e gentile
uomo di Vinegia . Avea nome Frate Niccolò ,
uomo di grande animo , e di santa vita ; e
per la grazia di Dio in quel santo luogo dalle sue mani presi il vero corpo di Cristo . Questo frate era venuto per impetrare grazia di
potere creare uno convento di Frati Minori
nella valle di Giusafà , dove è il Sepolcro della Vergine Maria ; ma non gli venne fatto . Ufficiasi pe' Cristiani di cintura , che sono in Babilonia . Fra il Cairo e Babilonia , che v' è forse una balestrata , si è la Chiesa di Santo Mar-
tino Vescovo d' Alessandria , dove e il suo
corpo , cioè la cenere involta in drappi di
seta , la quale avemo in braccio . Nella detta Chiesa è sotterrata la Reina d' Armenia ,
la quále vi morì , quando il Re d' Armenia
suo marito era prigione del Soldano . Ufficiasi
pe' Cristiani Armeni . In questa città stemo più
dì per nostra devozione , e per cercare le
cose d' intorno come i granaj di Faraone , e
la stanza di Moyses , e per fornire il nostro
carriaggio per valicare il diserto , e andare
in terra di promessione . Nella casa dove tor-

navamo, veniva spesso il gran Turcimano,
e bevvevi e fece bere, e mandossene a casa
sua la nostra botte della malvagìa, salvochè
ce ne lasciò due barlette, ch' erano forse un
barile e mezzo. In detta casa dove stavamo
sì v' era una gran quantità di tortole, e nella camera mia n' erano tre nidiate di tortoli-
ni dimestichi come i colombi grossi quà. E
così sono là per tutto dimestiche, come quà
i colombi grossi. Il Soldano ha molti ufficiali
e dilettasi di sapere novelle, e in un mezzo
d' ora ha lettere d' Alessandria nel Cairo; e
questo è che sono portate per certi colombi,
che hanno pippioni, e scambiansi in più luogora per lo cammino a colombaje diputate a
ciò. In questa Terra ha grandissima carestia
di legname; il loro ardere è foglie di datteri, cioè palma e seccie di grano, e sterco
di Cammegli, mischianlo con polvere ed altre
cattività, e il loro pane è molto male cotto
ma è bianco come latte, perocchè hanno i
grani bellissimi e buoni. Fornimoci per valicare il diserto di due moggia di biscotto a
nostra misura, ed eravamo tra noi e famigli
e 'l Turcimano, e' Cammellieri, bocche dieciotto tutti. Tolseci il gran Turcimano per

passaggio ducati novantasei d'oro ,he volle piu
àltre cose da noi . Prestocci o fece prestare
XIV Cammelli Arabi , che sono quasi salvatichi , e tolsecene di vettura li detti ducati .
Questi Cammelli non si poteano aoperare se
non per lo diserto ; e 'l diserto comincia cinque miglia presso al Cairo dalla parte del Mare
rosso , e dura infino a Gazzera, che è presso
Gerusalemme a tre giórnate . Comperamo cinque asini per cavalcare per noi ; perocchè i
Cammelli non durano per lo diserto , perocchè non v' ha strame , e se pure durassino ,
non ci sarebbono lasciati cavalcare da' Saracini. Comperamo un padiglioncello per istarvi
sotto la notte nel diserto , e fornimoci d'aceto per alquanti dì e di zucchero e di formaggio copiosamente . Portamo più biscotto , che
non pensamo ci bisognasse per dare a' Calori
del monte Synai , e agli Arabi , acciocchè non
ci facessino villanìa , perocchè ne fummo av-
visati da chi avea fatto il cammino . Mentre
che noi stemo nel Cairo ci abboccamo piu
volte con questo guardiano del monte Syon ,
gentile uomo di Vinegia ed io con questo
gran Turcimano del Soldano , il quale , come
detto è , era Viniziano rinnegato . E pensamo

L

fare un bello acquisto , pensando e praticandq
tra noi : io ho recato a costui da' suoi parenti
di Vinegia , come ne' dì passati il padre era
morto ; se noi 'l possiamo indurre , che voglia
che noi preghiamo Iddio per l' anima del suo
padre ; e che il sopradetto Frate dicesse le
messe di San Ghirigoro . Dopo lunghe prati-
che e con grande arte per la grazia di Dio
noi lo inducemo ad esser contento . Volemoci
accozzare colla moglie per parlarle ; il fatto
è per vedere se noi potessimo fare alcuno
frutto in onore di Dio ; ma e' non volle , dicendo a noi , comechè ella sia figliuola di Cristiano Fiorentino , ella non è sperta della fede vostra , ed ha di me parecchj figliuoli , e
sono Saracini . Io dubito , ch' ella non rile-
vassi la faccenda , e saremone morti voi ed
io . Ma io vi prometto , se il Soldano mi
manda in Alessandria , ed io possa con one-
sto modo tornare in Ponente , io il farò . Comechè dura cosa gli era lasciare due mogli
ch' egli avea e figliuoli , e le ricchezze , e lo
stato . Pigliamone quello ne potemo avere , e
prendemo comiato da lui . Comperamo nel
Cairo otri e fiaschi di cuojo , e altre masserizie , quanto ci fu mestiere e bisogno pel

paese donde aveamo a valicare di nostro viaggio . Poi a dì XIX Ottobre la mattina innanzi dì ci partimo del Cairo , mettendo tutti e nostri arnesi in sù Cammelli umani, e andamocene a uno luogo chiamato la Materia . Dal Cairo insino per esso alla Materia ha grandissima quantità di giardini tutti impomati di datteri , di cederni , e di limoni , e d'aranci , e di muse , che le chiamano pome di paradiso, come adrieto facemo menzione , e così è impomato nella maggior parte dintorno al Cairo . Questa Materia è al principio del diserto e di lunge al Cairo cinque miglia , e quivi trovamo i quattordici Cammelli Arabi , e' Cammellieri , ch' avamo tolti per valicare il diserto ; e sappiate ch' ogni altri Cammelli non potrebbono valicare il diserto ; perocchè usi sono a ben vivere , e là non si trova strame , e stassi dua o tre dì , che non si trova acqua. E intorno al Cairo dalle parti del diserto trovi grandissime torme di Cammelli di dugento o più per torma da questa parte ; e simile buoj , vacche, pecore, e capre . I Buoj di quel paese sono grandissimi e grassi , e le pecore e montoni sì sono grandissimi , e la maggior parte con quattro cor-

na , e loro code sono tonde come taglieri ,
e sono grassissime e quasi sevo ; e quelle
struggono come noi struggiamo il grasso del
porco , e così l' aoperano nelle loro cucine .
Le Capre e' becchi hanno gli orecchj lunghi
e pendenti in giù come segugj , e quando pascono gli orecchj toccano terra . A torno al
Cairo , e massimamente dalla parte di mezzo-
giorno e di ponente si riccoglie tutto l'anno
ceci , fave , poponi , cetriuoli , e fagiuoli . E
sù per la fiumana del Nilo stanno gran quantità di villani maschj e femmine d' età di
X e di XV anni tutti ignudi e neri come
carboni , sanza pigliare niuna vergogna di loro
nudita come bestie . Questo luogo della Materia , è quel luogo dove prima si riposò Nostra Donna , innanzi che entrasse nel Cairo
Ed ivi avendo sete lo disse al suo fanciullino
Cristo Gesù , ed egli col piede razzolò in
terra , e ivi subito ne nacque una gran fonte di acqua copiosa e buona . E quando si
furono riposati , ella lavò colle sue santissime mani i pannicelli del fanciullo , e lavati
che gli ebbe , gli tese a rasciugare in sù certi
albuscellini di grandezza di mortine di due
anni, e le loro foglie sono come abasilico ; e

da quel punto in quà quegli albuscelli sempre hanno menato balsimo, che più non ne nasce nel mondo. Questo luogo è oggi murato intorno intorno, e chiamasi il giardino del Soldano alla Materia, e sta sempre serrato a chiave, e stavvi un fattore del Soldano con certi ortolani, e con guardie, perchè il balsimo non sia furato. Ma nondimeno egli è più ladro che gli altri, e noi ne facemo la prova per mezzo del nostro Turcimano, il quale avea nome Elia, e aveaci a condurre per lo diserto insino a Terra di promessione, come innanzi facemo menzione. Questo fattore ci menò a vedere il giardino, e come si coglieva il balsimo, il quale si coglie in questo modo che levano di quelle foglie che sono intorno al gambo, come di basilico, e di quindi n' esce certe gocciuole bianche a modo di lattificio di fico, e con un poco di bambagia riccolgono questo liquore, e quando hanno inzuppata la bambagia la premono colle dita in una ampoluzza, e penasi gran pezzo per averne un poco. In questo luogo stemo tutto questo dì, e per tal modo n' avemo tutto quello si colse, e parecchie altre ampoluzze, e così n' avemo al-

cuni di noi. In questo giardino si è un fice
di Faraone, il quale ha un ramo cavato, dove Nostra Donna pose il fanciullo mentre che
lavò i panni. E sappiate che per tutto questo paese per insino al Cairo, non è altra
acqua che questa, e con questa innaffiano tutta la contrada con certi artificj, che fanno
volgere a' buoj; e mai non vogliono volgere
dal sabato sera a vespro insino al lunedì mattina. In questo luogo recamo ogni nostro guer-
nimento salvoche acqua per passare 'l diserto,
e quivi al tardi empiemo nostri otri d'acqua,
e caricamo nostri Cammelli nel nome di Cristo per lo diserto, tenendo verso il Mare
rosso per fare la via di Santa Caterina. Camminamo per sino a dì XXV del detto mese
di Ottobre sanza trovare acqua nè albero vivo, e in questo mezzo non bevvono i nostri
Cammelli, ma sì i cinque asini ch'avamo com-
perati nel Cairo per cavalcare, i qua' portavano come buoni ronzini, a questi demo bere
dell'acqua degli otri. La sera giugnemo alla
fonte di Moyses, essendo tutto quel dì cam-
minati sù per lo sabbione del Mare rosso, lasciando il Mare rosso a mano ritta. Questo è
quel luogo dove Moyses fece dare ad Aron

suo fratello della verga nella pietra , donde uscì grande abbondanza d'acqua ; sicchè fu sofficiente a rinfrescare tutto il popolo d'Isdrael e loro bestiame , quando si partirono d'Egitto al tempo di Faraone . Giunti che fummo a questo luogo , demo bere a' nostri Cammelli e agli asini , e rinfrescati che fummo , noi ci spogliamo in camicia , e scalzamoci , e con gran divozione rimondamo , e nettamo la detta fonte , che gran bisogno n'avea , perchè era tutta piena di motta e di cattività e bruttura . Rimonda che l'avemo , vedemo venire una grandissima carovana di Cammelli e di Saracini , che recavano spezierìe delle parti d'India . Di subito il nostro Turcimano ci fece levare quindi , e accampare dì lungi circa a un terzo di miglio . Questa brigata si posono dove eravamo posti noi , e se noi non ci fussimo levati ci arebbono fatto villanìa , ed era loro agevole cosa perchè erano venti cotanti di noi . Costoro levorono il campo in sul matutino , poi rischiarata l'acqua della fonte , noi riempiemo i nostri otri , e seguimo nostro cammino verso il monte Synais Camminamo infino a dì XXIX di Ottobre per monti e piaggie d'arena , trovando poca pia-

nura , e abbattemoci in alquanti Struzzoli ,
che per quel paese ne sono molti . E in una
valle trovamo una fontana d' acqua , dove ten-
demo il nostro padiglione , e abbeveramo i
nostri Cammelli, che ne aveano gran bisogno,
perchè il paese è caldo , e 'l Sole parea che
ardesse quella rena , e massimamente in certe piaggie donde passamo . E non è meraviglia perchè vi sia caldo , perocchè non vi
piove mai . Il paese tiene di mezzo giorno
e' Cammelli non aveano beuto acqua , di che
credo ne beessino per uno più d' un gran barile ; e quivi stemo la notte insino a matutino . A matutino i Cammelli si levorono , e
presono rinfrescamento d' acqua , e caricarono
le some . E sappiate che di notte , e' non la-
scierebbono salire persona in su' Cammelli, anzi conviene che chi non ha asino cammini
a piè . Quando è fatto dì e' ti lasciano salirvi
suso . E quando tu volessi desinare ti conviene desinare camminando , perocche non ri-
terrebbono i Cammelli prima che vespro , e
a' luoghi diputati , comechè ella non sia nè
via nè strada , anzi colgano la mira a certi
monti , i quali e' sanno quasi a chiusi occhj ,
come sarebbe un buon piloto per mare a sa-

pere gli scoglj coperti. E sappiate che questi Cammelli Arabi, che sono quasi salvatichi, non sono mai studiati, perchè piu forte camminano, che çon bussa, nè con grida ; anzi hanno per natura che quando e' sentono dire certe canzone che dicono i Cammellieri, e' giova loro di studiare il passo per questo modo, e sono studiati così la notte come 'l dì ? Hanno per natura, che chi dà loro della mano in sul collo, e' s'inginocchiano colle gambe dinanzi, e quelle di dietro si mettono sotto il corpo, sicchè vengono coccolone ; e per questo modo si caricano di grandissimi pesi molto più che niuno altro animale che porti soma ; e quando e' sono carichi a una boce sono tutti ritti. E così quando tu vi se' sù a cammino sopra la soma, e sanza soma, dandogli in sul collo e' s'inginocchia, e tu ne puoi scendere ; e quando vi vuoi salire fa il simile, e pare che questo costume proceda da loro natura per loro mansuetudine. Poi a dì XXVI Ottobre camminamo per lo diserto, e trovamo quasi tutta quella giornata pianura e greto ghiajoso di diversi colori, e molti pareano paragoni, anzi credo che fussino, e altre pietre come cor-

niuole ; e' nostri famiglj ne riccolsono alquan
te. E questo dì camminamo a piè gran parte del dì, e poi trovamo acqua ; bene ci
convenne a traversare per essa circa a un miglio, e quivi ci rinfrescamo noitre i nostri
animali, e riempiemo is nostri otri d'acqua
L'altra mattina innanzi di rimetterci in cammino in sulla terza, noi sentimo sù per certi
poggj fare grandissime grida, che parea che
romoreggiassi il mondo, e correndo giù per
le piaggie verso noi. Costoro erano gente quasi
ignuda, e sanza armadura, salvo alquanti che
aveano alcuno lanciotto più tristi che dardi;
e quello legname che era nel ferro, era quasi come canna, ed erano magri, e neri, e
spunti che pareano la morte. Disse il nostro
Turcimano e' Cammellieri non abbiate paura,
e' sono Arabi, che vengono perchè voi diate
loro del biscotto. E così fu, che dato che
avemo a ciascuno un pezzo di biscotto si partirono sanza fare alcuna novità. Costoro son
gente campestra, che non hanno niuna abitazione, nè fanno niuno lavorìo, e hanno Capitani tra loro, che mettono certe piccole
taglie alle città d'Egitto, come usano in Italia le Compagnìe. Il seguente dì camminamo

per poggj più bassi e per piannre di arena,
dove incontramo una Carovana di pellegrini
Franceschi gentili uomini; fra quali v' erano
cinque cavalieri a spron d' oro giovani, e sbi-
gottiti domandarono come erano morti di noi.
Dicemo che solo uno Iddio n avea chiamato
a sè, e questo fu un nostro prete, che rimase a Modona presso a mille miglia a Vinegia. Risposono a noi che si mossono venti
Cavalieri in compagnìa, de' quali ne sono morti
undici; che parte ne abbiamo sotterrati nella rena. Il paese dove eravamo allora era una
schienara di sassi arsicciati dal Sole, e quella arsicciatura leva dipoi il vento d' in sulle
pietre, e quella è la rena, che è per lo
diserto, e molti poggj v' ha che sono tutte
pietre iscoperte, e come il Sole arsiccia la
pietra, e 'l vento la porta via, e altra rena
non ha in questo paese perchè non vi piove
mai. E quando entra vento traporta la detta
arena da un luogo all' altro, e chi vi si ri-
trovassi sarebbe a pericolo di morte Noi ten-
devamo a ogni sera il padiglione e stavamoci
sotto, e le più mattine ci trovamo tutti gli
occhj e le nari del naso piene di rena, e
non avamo quasi acqua da lavarci. Havvi cer-

te lamette, dove si trova acqua de parecchj
dì una volta, e ci si trova per l'umidore
certe tignamiche, quasi come-pruni, e di
quelle ardevamo la notte per cuocere quando cocevamo, e di queste pascevano i Cammelli. E per queste vallicelle trovavamo alcuno cavriuolo, e alcuna lepre, e alquanti
lupi, ma sono molto minori che i nostri,
istruzzoli e istrici assai, i quali si pascono
di cose che trovano tra quella rena. Havvi
grandissima quantità di cotornici, e alquanti
francolini, ma non v'è chi prende nullo di
questi animali, salvochè que' lupastri si pascono di ciò e di pellegrini, che muojono
nel diserto. Nel diserto non si trova altri
alberi maggiori, che detti prunicelli, ovvero tignamiche che si trovano presso alle acque, e non vi si trova nè casa nè cosa che
ti dia o rezzo o ombra, perocchè non vi piove mai, e per lo gran caldo che v'è, non
vi possono ire i nugoli, e convienti tutto dì
stare alla ferza del Sole, che pare che altri
spasimi, e se tu bei, sì bei dell'acqua degli
otri che e più che tepida, e non è corpo
sì stitico che non si muova. Volle Iddio bene che portamo con esso noi alquanti scilop-

pi di limoni, con che ci rinfrescavamo. A
dì XXVIII del detto mese giugnemo a piè de'
Monti Santi, e ivi nascondemo certa quantità di biscotto, e cominciamo a prendere la
costa, e a trovare certe fontane d'acqua, assai Arabi uomini, e femmine, e fanciulli, e
bestiame, cioè capre e pecore. Costoro non
hanno niuna abitazione, ma bene hanno certe caverne tra sassi, e non hanno niuna mas-
serizia. Le loro case si è un pezzo di panno lano, il quale fanno di quella lana grossa tondono a quelle bestie, e poi la filano
così gli uomini come le femmine, e fannor-
ne 'l detto panno, che pare di ginestre, e
tessonlo sanza telaro, e fanno il pezzo circa
a quattro braccia; e questo pongono in sù
certi arconcelli, che ficcano in terra, quasi
come mezzi cerchi, e quì sotto giace in terra il padre della famiglia colla moglie e figliuoli intorno col bestiame e cani. A dì XXIX
d Ottobre giugnemo in sulla pianura de' Monti
Santi, dove stette il popolo d'Isdrael al tempo di Moyses, dove Moyses vide il rubo che
sempre ardeva e niente consumava, e dove
l'agnolo gli comandò che si scalzasse, quando al luogo s'appressasse; e in quello pro-

pio luogo è oggi la **Chiesa di Santa Caterina**, dove giugnemo molto stanchi, e di fuor del sito iscaricarno le nostre some. E di subito i servigiali della Casa furono atare metter dentro, e assegnarci una stanza rimota e bella. Fummo menati all' Arcivescovo del luogo e a' Calori, e facemo la procissione a tutti gli altari della Chiesa. Poi ci fu dato per ciascuno un mezzo bicchiere di vino e pane, e pesce salato, di quello ch' àe il Mare rosso in abbondanza, e dato per guida un Frate Giovanni di Candia, ed uno compagno Calorio del detto luogo, che ci menassi alla sommità del monte ed alle altre cerche. Nello Altare Maggiore di questa Chiesa si è il corpo di S. Caterina, e dalla parte ritta dell' altare è una cassetta di marmo coperta d' uno drappo ad oro. In questa cassetta si è la testa e due ossa del braccio di Madonna Santa Caterina. Indietro all' altar maggiore si è una cappella nel propio luogo dove fu il rubo di Moyses, ed evvi seppellito il Corpo di San Giovanni Crimaco, dal quale esce certo liquore bianco come acqua, ed esce per un certo buco, e di questo avemo, e arrecamone con esso noi, e non vi si va se non scalzo, co-

me comandò Iddio a Moyses , quando andò in
quello luogo . La testa di Santa Caterina non
è adornata di niente , anzi è pure così schietta , ed evvi sù la buccia . Questa è mostra-
ta dal detto Arcivescovo , e lasciata baciare
e toccare con pater nostri , e con simil cose
da divozione . La seconda cappella si è di San
Giovanni Battista , ed havvi soppelliti molti
corpi Santi , fra quali v' è quello di Santo Cle-
mente , e quello di Santo Nofrio , ma non
si possono vedere . La terza si è di Santo Jacopo Apostolo , e sono nella testa e nelle
faccie dal lato molte cappelle a modo di quà ,
La Chiesa è grande , e divotissima , e bene
adorna , e come le nostre salgano alquanti
scaglioni , così quella iscende ed è coperta
di piombo , e non ha campane , se non come nel Cairo e nelle altre Chiese d' Egitto ,
e rispondono gli adornamenti di fuori e le
mura alla bellezza dentro , ed alla copritura .
Ed intorno alla Chiesa si ha grandissima abitazione . Dintorno assai di lungi all'abitazione
si ha un circuito quadro e grandissimo e bene murato e altissimo , ritratto come le Stinche di Firenze , ma è maggior fatto , bene
imbertescato , e co' piombatoj , e acconcio a

ogni difesa di mano. Tra le mura della Chiesa e la parte dinanzi ha certe Cappelle divotissime, fra le quali ve n'è una di Santo Stefano Martire. Governasi, e ufficiasi, e correggesi pe' Calori Greci, sotto la custodia d'uno Arcivescovo chiamato per lo Patriarca del Cairo, e per quello d' Alessandria, ed è confermato per lo Soldano di Babilonia. Sotto questo Arcivescovo sono dugento Calori, fra quali stanno in questa Chiesa cento cinquanta per ufficiare la Chiesa, e al servigio della casa. E ciascuno ha abitazione per sè, e sono di grandissima penitenza, e con ardentissima carità hanno di costume portare a collo un crocifisso di legno nero, e da uno di loro ebbi il suo Hanno di costume, quando vacano dall' orare, fare esercizj manuali a loro orto, o fare ad ago loro vestimenta grossissime. Gli altri cinquanta stanno tra ufficiare e la sommità del monte, dove Iddio diè le leggi a Moyses, e a Santa Muria della Misericordia, come innanzi faremo menzione, e fanno la medesima vita sanza mai mangiare carne o bere vino. Nel detto ricinto e una moscheta di Saracini con molti ufficiatori alla loro maladetta fede; e questo Arcive-

scovo conviene, se non vuole esser diserto
egli e' Calori, gli dia il luogo, e gli pasca
alle 'sue propie spese. Oltre a ciò ha per lo
paese molti Arabi, gente campestra, come
ha in più parti del diserto, e sanza abitazione e lavorii. Ben v' hanno certe caverne e
alquanto bestiame minuto magrissimo, il quale vive di tignamiche e di pruni, ma hanno abbondanza d' acqua. Costoro sono per lo
paese dove stette il popolo d' Isdrael, gran
parte del tempo che stettono nel diserto. E
tutto questo paese si chiama Monti Santi da'
Saracini. Costoro sono per numero circa mille, ed ogni dì hanno dal predetto Arcivescovo un pane per uno. Questo luogo è sov-
venuto da ogni generazione di Cristiani, e
da certi Saracini e pellegrini ricchi. Vi si fa
molte limosine, ed ha il detto luogo gran
possessioni nell' Isola di Creti. Costoro hanno in questo ricinto abbondanza d' acqua, ed
hannovi mulino a secco e forno, e ciò che
bisogna a mantenere il luogo, e fanno grande onore a' pellegrini di ricetto e. di vettovaglia, e d' ajutare governare le bestie, e
generalmente a tutt' i bisogni corporali. Par
tendosi e' pellegrini per andare per lo perdo-

no alla sommità del Monte Synais, dove Iddio diede la legge a Moyses, si trova una
fonte poco fuori della Chiesa dalla parte di
sopra, la quale fece Moyses abbondantissima
d'acqua, e di quest'acqua si fanno più fon-
ti a uso degli Arabi, e a utilità di bellissimi
giardini che vi sono di sotto; e con essa gli
adacquano, e hannone gran mestiere; perocchè così come al Cairo non piove mai, così
quivi piove di rado, e allora era stato circa
a dieci anni che non v'era piovuto Poi salito certa quantità di gradi si trova Santa
Maria della Peggerìa, cioè malleverìa in nostri vocaboli. E questo nome diriva che pa-
tendo in questo luogo gli abitanti grandissima necessità di vettovaglie, perocchè s'infra-
diciava loro il biscotto, ed eravi abbondato
tanto mal seme, cioè pulci e lendini, ed
ogni mal seme d'ogni condizioni, che non vi
poteano vivere, e'diliberarono d'abbandonare'l
luogo, ma prima andare per lo perdono alla
sommità del monte, dove Iddio diè la legge
a Moyses. Andando si scontrarono con una
venerabile donna; ella gli domandò dove eglino andavano, così tutta la famiglia rispose
per lo perdono, e che poi si volevano par-

tire „ perchè per nicissità di molte cose non poteano più istare in quel luogo. Ella rispose che non volea che per niuna cagione e'si partissono , anzi tornassino nel luogo dove erano stati , promettendo loro che in quel luogo non infradicierebbe più biscotto , nè non vi verrebbe niuno mal seme; e che qualunque persona perseverassi di fare penitenza de' suoi peccati. Questa donna che disse queste parole , e fece questa promessa si fu la Vergine Maria , e pero si chiama Santa Maria della Peggeria. Tornati che furono al Monistero trovarono grandissima quantità di Cammelli , carichi di vettovaglia recata dal Cairo di Babilonia per grazia impetrata da Dio pe' prieghi di Nostra Donna e di Moyses. Il quale miracolo si manifestò per un fanciullo venuto co' Cammelli , che domandando i Calori i Cammellieri, chi mandava questa vettovaglia , risposero che un buono uomo l'avea comprata nel Cairo , e pagato loro della yettura , e sempre era loro venuto innanzi insino a quel luogo per tutto il diserto. Poi portando drento la vettovaglia , quel fanciullo che disse che era venuto co' Cammellieri , veggendo una immagine di Moyses dipinta

M 2

cominciò a gridare dicendo questo è quello che
fece la compagnia insino presso qui , e che
fece la compera della vettovaglia , e disseci
che noi in questo luogo iscaricassimo i Cammelli ; dicendo questo garzone volersi rimanere in questo luogo e farsi religioso , e dicendo. volere esser Cristiano ; per la qual cosa i Cammellieri il presono e sì lo squarta-
rono . Salito più sù certa piccola quantità di
gradi si trova una Chiesicciuola di Santa Maria fatta per questa divozione , e ufficianla i
detti Calori . Poi salendo più sù si trova un'arco , per lo quale s' entra , che per altro luogo non si può passare ; e questo si fece fare Moyses ; poi più sù se ne trova un' altro
in propia forma , e questo fece Elìa . Dipoi
si trova dove Elìa fece la penitenza , ed e
divota Chiesicciuola . In questo luogo gli portava il corbo il pane celestiale , ed in quel
luogo gli parlò Iddio . Havvi nella detta Chiesa una cappella d' Elisèo . Dirimpetto a questa si è una Chiesa di Santa Maria . . . Poi
saliti molti scaglioni si viene alla sommità del
monte , ed in quel luogo è un grandissimo
petrone , sopra lo quale Iddio stette , quando
diè iscritta in sulle tavole la legge a Moyses.

È non possendolo Moyses guardare , fece Iddio alzare parte di quello petrone , dove Moyses istette mentre che Iddio gli parlò dicendogli quello di che ammaestrassi il popolo suo .
Al lato a questo petrone si è una Chiesicciuola con due altari e bene adorna di dipinture ,
nella quale sono soppelliti molti corpi Santi ,
fra quali è il corpo d' Elisèo dall' una parte ,
e per faccia questo petrone in sù che stette
Iddio , quando diede la predetta legge ha circa braccia . . . . e tiene tra la pietra e la
Chiesa quasi tre parti della sommità , e da
qualunque parte tu guati ti pare essere in
aria , e vedi molto da lungi sì per l' altezza,
e sì per l' aria che è più chiara nelle parti
di là che non è di quà , e renderebbe più
lume là una finestra di mezzo braccio , che
non farebbe quà una di due braccia. Ha di
salita dalla Chiesa dove è il corpo di Santa
Caterina insino a questa sommità XIV migliaja di scaglioni ertissimi i quali fece Moyses
e' suoi più intimi. Evvi in alcuno luogo dove
non sono scaglioni , e nondimeno pur v' è l'erta asprissima e difficile a salire . Appresso a
questo monte si è un' altro monte , ma non
vi si può andare per l'asprezza del luogo , so-

pra il quale si era un vitello di pietra in
quello propio luogo dove il popolo d' Isdrael
posono il vitello dell'oro , quando gittorono le
loro anella nel fuoco , che per operazione dia-
bolica diventò un vitello d' oro , il quale tennono ed adorarono per Iddio . Questo si vede
molto di lungi , e massimamente in quelle
parti , dove stava accampato il detto popolo,
il quale si pascea di manna che venia dal Cielo . Poi dall' opposita parte si scende del monte , chi vuole ire al monte dove gli Agnoli
posono il corpo di Santa Caterina , quando la
levarono dalla città d' Alessandria , dove fu
martirizzata . Questa scesa è molto malagevole , e aspra , e rovinosa , per modo che
in più luogora conviene ch'altri ponga le mani in terra . Giunti a piè della costa si è una
bella e divota Chiesa , la quale si chiama Santa Maria della Misericordia , e stannovi circa
a otto Calori di que' dell'Arcivescovo di Santa Caterina , come stanno alle altre Chiese di
sopra nominate . Bene è vero che in alcuna
più piccola non istanno la notte , ma dalle
altre maggiori e più presso le vanno a uffícia-
re . Questo luogo è quello dove si ridusse
certa parte di quella Tribù , che si ribellò

dalla fede di Dio, e partironsi dalle altre undici Tribù d' Isdrael, che tutte a dodici erano intorno a questi Monti Santi. Quella parte che si ricognobbono si ridussono in questo luogo, partendosi da' loro congiunti, i
quali erano presso a questo luogo circa a tre
miglia; e per lo perdonare che Iddio fece loro si chiama Santa Maria della Misericordia.
Ha di scesa questo monte da dove Iddio diede la legge a Moyses sei grandissime miglia;
ed ha in questa divota Chiesa molti corpi Santi, ed ivi di fuori si è un bellissimo giardino, bene affruttato d' ulivi grossissimi i più
ch' io vedessi mai; ed havvi datteri, e fichi
di Faraone, cederni, arancj, e bellissime
uve. Ed ha in quest' orto tre bellissime fontane e con grandissima copia d'acqua, colla
quale adacquano gli arbuscelli e le erbe di
questo orto; e se così non facessino si sec-
cherebbono, perchè sta parecchj anni per volta che non vi piove. Ha nel detto luogo,
cioè nell'orto, presso alla Chiesa una balestrata uno Oratorio divotissimo, dove Santo Nofrio fece la penitenza, e dentro vi stette quaranta dì e quaranta notte sanza mangiare, e
sanza bere; ed ivi il venne più volte a vi-

citare Santo Antonio e Santo Paolo primo romito . Questi Calori ci ricevettono allegra-
mente in questo Santo luogo , e fecionci grande onore , e due di loro insieme con Frate
Giovanni di Candia , e col compagno Calori di
Santa Caterina , che erano con esso noi ci
vennono a insegnare la via ; e facendoci lasciare parte de' panni ch' avamo indosso per
andare più leggieri . E ivi al dirimpetto al
nome di Cristo e di Santa Caterina cominciamo a salire l' erta con questi divoti e spiri-
tuali uomini , andando dove gli Angioli posono quello prezioso corpo . Dura quest' erta
dalle sette alle otto miglia della più repente
che sia nel mondo , e quando fummo presso
che alla sommità quasi a un mezzo miglio ,
trovamo un poco di piano , dove ci riposamo
un pezzo . Poi ricominciamo a salire e trovamo scoglj di sassi con grandissime fessure ,
a' quali sassi in alcune luogora ci convenìa ap-
piccare colle mani portando grandissimo rischio
di rovinare ; bensì assicuravamo , perchè quelli Calori andavano innanzi a noi , perchè la
pietra è durissima , e rossa quasi come pietra focaja . Per niuna altra via che questa non
si può salire a questa sommità ; e presso al-

la sommità tu trovi pietre che v' è dentro figurata la palma per qualunque parte la rompi . Giunti alla sommità v' è un' odore de' migliori del mondo , e per la grande altezza sì v' è gran vento , che non vi si può stare . Questa sommità dove gli Angioli posono questo Santo Corpo è un petrone simile a quello dove Iddio diè la legge a Moyses ; ma è più rosso e più duro , e piglia tutta la cupola del monte . Questo sasso per sè stesso diè luogo a questo benedetto corpo , e fecevisi una forma come se fusse stato di cera calda , e simigliantemente si vede dal lato la forma dove stettono gli Angioli . E prima che fosse traslatato questo corpo , vi stette anni cinquecento . Andamo forniti di scarpelli , e con essi spiccamo di quelle pietre , le quali si dice sono buone a guarire dalla febbre . E non è niuno che per la vita ardisse a levare di quello luogo dove è la forma di quel Santo Corpo . Di questa sommità si vede il Mare rosso , che pare vi sia presso a quindici miglia , e pare sangue a vedere ; e non è però che l' acqua non sia bianca e chiara , ma è perchè l' arena è rossa come cinabro . Vedemovi entro gran quantità di vele . Erano navi

che recavano spezierie delle parti d' India;
e poi le Carovane le portano al Cairo, e per
lo Nilo ne vanno in Alessandria, e per altra
via le levano e vanno in Damasco. Discen-
demo per la via che eravamo saliti, e tornamo alla Chiesa di Santa Maria della Misericordia, dove fummo onorati; e così fanno
a ciascuno che sale in sul detto monte. Dipoi ci partimo e tenemo a piè del monte a
man manca per lo piano dove si lascia un
monticello membro del Monte Sinays a man
ritta. In sù questo fece porre Moyses in alto
il serpente del rame, il quale avea questa
vertù, che qualunque persona fusse stato tra-
fitto da qualunque fiera velenosa, guardando
questo serpente subito rimanea libero. E questa sera tornamo ad albergo a Santa Caterina, che fummo a dì XXX d' Ottobre. L'altra mattina che fummo la vilia d' Ogni Santi
facemo un poco di piatanza a questi Calori di
biscotto e riso, e alquante civaje ci fornimo
nel Cairo di Babilonia. La mattina d' Ogni Santi
fummo in Chiesa coll' Arcivescovo e co' Calori all' Ufficio, il quale è lunghissimo e divoto, comechè noi non potevamo intendere
cosa che dicessono se non Kirie eleyson per

loro grammatica Greca. Non fanno la loro
comunione connubbiata, nè di pasta azzima,
anzi di pane lievito, e dicono l' ufficio a una
cappella, e ad un altra sagrano il pane; e
sagrato con grande reverenza e co'lumi il levano da quell' altra, e reconlo alla prima. E
quivi si comunica l' Arcivescovo, e poi comunica i Calori tutti, dando loro a ciascuno
un boccone di questo pane sagrato; e così
ci comunicamo alquanti di noi. E questa mattina desinamo con loro, cioè di loro cose,
il dì andamo riveggendo le luogora Sante, e
di questo Santo circuito, e un poco di fuori.
Dipoi a dì II di Novembre ci partimo la mattina di buon'ora da questa brigata; e sappiate che tutti questi tre monti nominati, sono chiamati Monti Santi, e dalla sommità dove Iddio diede la legge a Moyses alla sommità dove gli Angioli posono il corpo di Santa Caterina si ha tredici miglia, comechè la
sua orazione dica ,, *Deus qui dedit legem Moy-*
si in monte Sinay, et in eodem loco pro san-
ctis suis Angelis ... qui piglia la Santa Scrittura tutto per parte, che tutti sono chiamati Monti Santi. Camminando giugnemo a piè
de' poggj in sul cammino dove avamo nasco-

so il nostro biscotto, il quale ricaricato che
lo avemo, camminando quel dì e l'altro sanza trovare acqua, comechè noi ne' eravamo
ben forniti di quella di Santa Caterina, la quale è buonissima. Poi trovamo acqua, e ce
ne fornimo ed abbeveramo i nostri animali,
comechè quest'acqua fusse salmastra. Camminamo quattro dì sanza trovare acqua, e
trovatola ci rinfrescamo, che ne aveamo gran
bisogno. L'altra mattina levamo campo innanzi dì tenendo verso Terra di promessione, e
fatto dì vedemo assai fiere al modo usato in
sull'ora della nona. Il nostro Turcimano si
partì da noi e disse a' Cammellieri cammina-
te io vi giugnerò. A noi parve male, e pensamo che ci volessi ingannare, di che noi
gli dicemo che questo non era buon costume. Rispose non dubitate, voi avete il Salvocondotto del Soldano, e quello del Signore degli Arabi, e avetegli apo voi, e siate
presso a una giornata e mezza dalla città di
Gazera, dove si tiene ragione ed evvi un Re,
per lo Soldano. E in effetto e' si partì da
noi, e poi ci raggiunse la sera al tardi. La
notte vedemo nel diserto certi fuochi, che
per insino a qui non avamo mai veduti, e

la sera avemo disagio d' acqua . L' altra mattina ci partimo e spuntavamo in sull' ora della terza , e trovamo peste di cavagli e non
gran quantità . Poco più oltre a una collina
ci riuscirono addosso una brigata da piè e da
cavallo armati alla loro maniera , e fra loro
era uno che avea in mano una mazza di ferro . Di subito dicemo al nostro Turcimano :
tu ci hai traditi ; ed io mi feci dare ad Antonio da Pescia mio famiglio la spada e' guan-
ti . E 'l nostro Turcimano disse non abbiate
paura , che egli. è ufficiale degli Arabi , che
vogliono vedere il vostro Salvocondotto . E
così chiesono come giunsono a noi ; di che
io il feci trovare , che era in una mia bol-
getta , ed eravi dentro certe mie tazze d' a-
riento , e alcuno cucchiajo , ed altre cose sottili . Di subito vollono incominciare a fare
saccomano , ne feci difesa , e.in questo mezzo e' misono in terra alquante some , e bat-
terono e' cammelli , e. chi si sparse in quà e
chi in là . Pure laddove era io rimase il Turcimano , e quello della mazza di ferro , dicendo al Turcimano : io so che oggi i' debbo
morire per l' amore di Cristo , ma prima mor-
ra' tu , come traditore che tu se' . Colui del-

la mazza era isceso ed un' altro avea il cavallo a mano. E'l Turcimano non so che si
parlò con lui, se non che mi pregò, che io
rimettessi la spada nel fodero, e che le mie
cose sarebbono salve. Di che io dissi loro,
che noi eravamo compagni, e che quello era
dell'uno era dell'altro. In questo mezzo certi
compagni che aveano perduto loro cose, dierono per riaverle ducati XXII salvo il vero; e presi che ebbono questi danari si fug-
girono con alcuna cosa de' compagni; ma del
mio, nè del mio famiglio non tolsono niente,
e così poteano fare gli altri, perocchè tutti
eccetto uno erano più giovani di me. Rica-
ricamo le nostre bestie e la sera giugnemo
ad albergo a un Cane poco fuori della città
di Gazera, e penamo dieci dì a venire da
Santa Caterina insino a Gazera; la quale città confina tra l'Egitto e Terra di promessione. In questa terra istà un Re, il quale ha
sotto sè quattro Re, fra quali è l'uno quello
di Gerusalem. In questa terra di Gazera fu
abacinato Sansone, e quindi levò le porti della terra, e portolle in sul monte. E quivi
è laddove fece cadere il palazzo Reale tiran-
do la colonna, dove morì quanti ve n'era sot-

to . In questa città fummo messi in uno Cane , quasi al principio della Terra , dove fummo tennti rinchiusi più .dì con molto strazio ,
e in effetto il nostro Turcimano uscì a dire
che 'l gran Turcimano lo avea male trattato ,
e che volea essere da noi ristorato , e rimedimoci da lui ducati dodici . Ha di consuetudine questo Re quando vi viene carovana
di pellegrini di farne andare qualchuno a lui.
A questo Re andai io con alcuno de' compagni . La sua abitazione si è nel più bel luogo della terra , ed è un grandissimo palazzo . Dinanzi al palazzo si ha un grandissimo
cortile con una porta , dove stanno molti soldati . Dall' altra parte al lato al palagio si ha
una grandissima loggia , dove stanno e' pro-
vigionati di maggior condizione ; ed era al
terrato di questa loggia grandissima quantità
di nidiate di rondinini , più che mai di state
io ne vedessi in Toscana . Dentro del palazzo
in una Sala terrena istà questo Re co' suoi
baroni e consiglieri , ed e' siede in sù certi
tappeti colle gambe raccolte , e chi va alla
sua udienza non entra per la porta del palazzo , anzi sta in uno cortile , e ha tra lo
spazzo e 'l Cortile grandissime finestre ferrate ,

come tu dicessi quelle dove si batte la moneta in Firenze, ed è lo spazzo dove sta questo Re più alto che non è il cortile circa
due braccia. Di fuori è il Turcimano insieme co' pellegrini, e conviene che per riverenza del Signore altri baci la terra, poi dice quello che vuole al Turcimano, ed esso
lo spone al Re. E poi il Re dice suo parere, e simile il Turcimano lo spone a' forestieri. E il più delle volte il Re manda i
pellegrini al Cadì, come tu dicessi al Vescovo della città, il quale ti fa sedere seco,
e poi ti domanda; e di costui s' ha assai di
piacere secondo Saracino, ed a noi donò frutte e civaje. Poi a dì XIX di Novembre ci
partimo di Gazera per ire a Terra di promessione, tenendo verso la Valle d' Abor,
dove è oggi la Terra di Santo Abram; lasciando il piano della città di Rama a man
manca, dove Sansone uccise grande migliaja
di Filistei con una mascella d' asino, come
racconta la Bibbia. Il primo dì camminamo
per paese diserto, e la sera giugnemo a un
Cane, che si dice che una donna Fiorentina
il fece murare. E in questo luogo albergamo
la notte dando un daremo per testa e per

istallaggio al Canattiere che conserva quel luogo. L'altra mattina ci levamo di buon'ora, e mettemoci a cammino pure per paese diserto, e in sull'ora del primo giugnemo in una valle, dove erano alquanti alberi salvatichi, e v'è una Chiesicciuola fatta a riverenza di Santo Giovanni Battista, la quale fece fare Santa Elena; e in questo luogo istette a fare San Giovanni penitenza. La sera di buon' ora giugnemo al Campo Damasceno, dove Iddio fece Adam primo nostro padre; e la sera n'andamo ad albergo alla terra di Santo·Abram; la quale è bellissima terra e bello paese, ed è assai mercantesca; e favvisi i più begli lavori di vetro, e maggior quantità che in luogo che io fussi mai. Ed hannovi riverenza i Saracini, e' Giudei, come noi Cristiani. I Saracini non guardano niuna festa in tutto l'anno, salvochè Ottobre tre dì, e questo si è per la festa di Santo Abram; quando e' menò Isach suo figliuolo in sul monte per farne sacrificio a Dio. E fanno i Saracini una quaresima l'anno, e basta uno lunare; e questa è la prima luna d'Ottobre. E quando veggono l'altra luna nuova, fanno grande allegrezza, e non mangiono e non beono in tut-

N

to dì, ma la notte mangiano carne, e fanno
ogni disonestà, come detto è. Ed è nella
detta Terra una moscheta di Saracini, e già
fu Chiesa di Cristiani ; e in uno muro laddove era l'altare maggiore si è uno monimento, del quale si ve' una faccia di fuori, l' a-
vanzo si è nella moscheta, che non si può
andarvi pe' Cristiani ; e chi v' entrasse, gli
converrebbe rinegare la nostra fede, o esser
tagliato pel mezzo la cintola. In questo monimento si è il corpo d' Adam, e quello d' A-
bram, e d' Isach, e di Giacob, e appresso
a questo sì n' è un' altro, dove furono sop-
pellite quattro loro donne, cioè Eva e l' altre. Della sepoltura di detti patriarchi si cava certo olio, nel quale hanno gran divozione e Saracini, e Giudei, e tutti Cristiani
delle parti di là così come noi, e di questo
recamo ciascuno dì noi. Partimoci a dì XXI
del detto mese di Novembre, e andamo verso
Betleem, e appresso questo luogo trovamo
una moscheta, che già fu Chiesa di Cristiani, ed è dove Adam fece penitenza cento
anni de' peccati suoi, e poi ingenerò Seth
suo figliuolo. Poi a sei miglia si trova dove
Abram vide tre ed adorò uno, significando

la Deità eterna. E questo medesimo dì giugnemo in Betleem dove nacque il nostro Signore Gesù; nel quale luogo è la Chiesa bellissima e grande; e di molta divozione, nella quale facemo le nostre cerche e procissio-
ni ardendo assai cera secondo l' usanza de'pellegrini. E cominciamo le cerche in prima dove San Girolamo fece la penitenza, e dove
traslatò la Bibbia d' Ebraico in Latino, ed è
soppellito nel medesimo luogo, e della pietra
della sua sepoltura ne recamo per divozione
a più Dottori, i quali ce n' aveano pregati;
fra quali fu Maestro Luigi Marsilj Frate Ro-
mitano. E in questo luogo è una Cappella sotterra dal lato manco della Chiesa. Ivi al lato è un altra cappella, dove furono gittati
molte migliaja di corpi di fanciulli innocenti,
quando furono fatti uccidere dal crudele Re
Erode. Poi entramo nella Chiesa, ed a mano
ritta è dove Cristo fu circonciso; ed evvi una
cappella al lato all'altare maggiore; dall'altro
lato si è uno altare dove i Magi offersono al
Nostro Signore oro, incenso, e mirra, e insino ivi gli accompagnò la stella, e poi ispa-
rì. Di sotto all'altare maggiore si è una cappella in una spilonca di pietra sotterra, lad-

dove nacque il Nostro Signore Gesù Cristo.
E ivi circa a quattro braccia di lungi, e al
dirimpetto a tre gradi più basso si è la mangiatoja, dove Cristo fu posto tra 'l bue e l'a-
sino. Di fuori di questa circa a un trarre
d'arco si è la Chiesa di San Niccolò, dove
stette la Nostra Donna ad allattare Cristo,
prima che fuggisse in Egitto. Discendendo più
basso circa a una balestrata, si trova una
Chiesicciuola, dove l'Angiolo apparve a Gio-
seppe, e dissegli: togli la donna e 'l fanciullo,
e vanne in Egitto, e di notte gli mostrò
la via. Poi più basso di lunge ben due miglia, si trova una grandissima Chiesa, che
la maggior parte è disfatta. In questo luogo
apparve l'Angiolo a' pastori, quando annun-
ziò loro la natività di Cristo, e insegnò loro
dov'era in Betleem, e quivi l'andarono ad
adorare. In questo medesimo luogo è dove
Davit uccise il gigante Gulìa. E in que' tempi stette Davit in Betleem, e ivi fu fatto Re
per Samuel Profeta. Dirimpetto a Betleem in
sù un'altro poggio di lunge forse due miglia
e mezzo, si è dove furono soppelliti dodici
Profeti. Appresso a questo luogo si è dove
Cristo fanciullo essendo minacciato di morte,

e quivi non era persona che 'l potessi pale-
sare ; rispose che le pietre ch' erano presenti il direbbono. E di subito per miracolo quelle pietre diventarono a similitudine di lingue,
e così sono al dì d' oggi, e per lo paese si
passa un condotto d' acqua che va in Gerusalem, dove si possono rinfrescare i pellegrini. Dipoi a dì XXII del detto mese ci partimo tenendo verso Gerusalem, e dirimpetto
non troppo di lungi si trova, laddove si vede Gerusalem, quel luogo ove Nostra Donna
essendo gravida e affannata, quando andò in
Betleem al tempo del suo parto, si pose a riposare e fece sue orazioni. E ivi presso si
era uno che seminava ceci, e Nostra Donna il domandò che semini tu ? ed e' rispose
semino sassi, ed ella disse: ed e' sassi sieno ;
e di subito diventarono sassi. Ed ancora al
dì d' oggi vi se ne trova a similitudine de' ceci. La Donna si partì e andonne verso Betleem, dove nacque Cristo, ed è sterile paese
in alcuna parte, e la città è quasi disfatta,
che non vi si vede altro che fondamenti, e
alcuno fosso ; salvochè la Chiesa, la quale
fece fare Santa Elena madre di Costantino Imperadore, la quale s' ufficia per Cristiani Fran-

chi, cioè di nostra fede; i quali sono sotto
il guardiano di Monte Sionne dell' Ordine di
San Francesco. Ha nella Chiesa certe cappelle d'altri Cristiani, cioè Cristiani di cintura, Giacopini, Cristiani Greci. Ancora v'ha
una gran quantità di Saracini, i quali per
divozione di Nostra Donna fanno ardere gran
quantità di lampane il dì e la notte, e danno sussidio alla vita di detti frati, e all'ac-
concime della Chiesa. E veramente questi co-
tali se onestamente e sanza paura si potessono fare Cristiani il farebbono. Il paese di
Betleem e montagna, e non è nè isterile ne
grasso, ed havvi ulivi in ciascuna parte. Dipoi andando verso Gerusalem si trova una
cappella con dodici canti per memoria delle
dodici tribù d'Isdrael. Appresso si trova una
torricella, nella quale stette Elia a fare penitenza certo tempo, prima che andasse al monte Sion. Poi si trova alla scesa a andare verso Gerusalem una cisterna, laddove i Magi
ritrovarono la stella, colla quale ritornarono
a casa loro, non per la via di Gerusalem per
amore del Re Erode. E questo medesimo dì
giugnemo in Gerusalem a tard' ora e strac-
chi; e scaricamo le nostre some, e alberga-

mo a uno spedale, dove albergano tutti e' pellegrini assai presso alla Chiesa del Santo Sepolcro. L'altro dì a dì XXIII di Novembre facemo le cerche, e prima trovamo la Chiesa dove stava il ricco, che conta il Vangelo, che vestiva di porpora a bisso. Alla quale casa istette il povero mendico Lazzero, che poi dopo la morte il detto ricco vide Lazzero predetto nel seno di Abram. Dipoi si trova dove al tempo della passione di Cristo fu posta la Santissima Croce in collo a Simone Cireneo. Dipoi si trova dove la Vergine Maria iscontrò il suo figliuolo colla Santissima Croce in collo. E in quel luogo fece fare Santa Elena Madre di Costantino Imperadore una bellissima e divota Chiesa, e fecela chiamare Santa Maria dello Spasimo, per la spasimata pena che Nostra Donna ebbe in quel luogo. E quivi è oggi una moscheta di Saracini, e non vi si può entrare. Dipoi si trova la casa, dove Nostra Donna istette alla scuola. Dipoi si trova la Casa di Pilato, dove Cristo fu giudicato alla morte, e non vi si può entrare pe' Cristiani. Poi si trova quella d'Erode, dova Pilato mandò Cristo Nostro Signore. Dipoi si trova il Tempio di Sa-

lomone , e non vi si può entrare pe' Cristiani. Poi si trova la Chiesa di Santa Anna, Madre della Vergine Maria , nella quale essa
nacque. Dipoi si trova la porta aurea , donde entrò Cristo la Domenica dell'Ulivo in Gerusalem , e sta oggi chiusa , e non vi si può
andare pe' Cristiani. Ma io feci che 'l Turcimano ne spiccò una spranga , cioè una pia-
stra , e diellami , ed io gli donai due ducati
per Andrea e per me. Dipoi s'esce fuori di
Gerusalem per una porta , che è presso a
questa , e trovasi la valle di Giusafà , dove
Cristo verrà a giudicare il mondo . E discendendo per la costa prima che si giunga al
torrente si trova un gran petrone , sopra 'l
quale s'inginocchiò Santo Stefano , quando e' fu
lapidato , e di questa pietra in sù che egli
s'inginocchiò e morì , ne recai gran quantità. Poi si giugne al torrente , sopra 'l quale fu posto , e fattone ponte del legno di che
poi si fece la Santissima Croce di Cristo. Valicato il torrente si trova una divota Chiesa,
la quale fece fare Santa Elena Madre di Costantino Imperadore , e in quella è il Santo
Sepolcro di Nostra Donna , dove ella fu sop-
pellita , sopra 'l quale facemo sagrificare per

la grazia di Dio il corpo di Cristo . Appresso
si trova l' orto dove Cristo fu preso , e ba-
ciato da Giuda traditore , ed evvi dove Santo Piero taglio l' orecchio al Giudeo . Ivi presso si è dove Cristo lasciò e' discepoli , perchè
eglino orassino , e difendessono dalle tentazioni , e trovògli a dormire , e disse loro non
potete un' ora vegghiare meco . Poi ivi presso
a due gittate di mano o circa , si è la grot-
ta dove Cristo orando sudò sangue . E ivi presso al cominciare dell' erta che va al monte
Oliveto , si è dove Nostra Donna diè la cintola a San Tomaso , quando ella ne andò in
cielo . Salito più sù si è dove Cristo si volse
inverso la città di Gerusalem e pianse . Dipoi più alto alla collina , che va dal monte
Oliveto al monte Galilea , si è dove l'Agnolo
diè la palma alla Vergine Maria , annunzian-
dole la sua morte tre dì innanzi . Poi alla
sommità del monte di Galilea si è dove Cristo apparve agli Apostoli dopo la sua resurezione . Poi in sulla medesima collina , ma più
alto si trova il monte Oliveto , e si va a una
bella Chiesa ; ed in essa si è un' assai grande pietra , sopra la quale si è una forma della pianta del piè di Cristo , la quale vi la-

sciò, quando ne andò in Cielo presente e' suoi discepoli. Al lato a questa Chiesa si è un'altra Chiesa, che si chiama Santa Maria Oziaca, nella quale si dice che chi fusse in peccato mortale non vi può entrare dentro, e non si vede chi lo tenga. In sulla medesima piazza si è dove gli Apostoli feciono il Credo in Deo. Ivi un poco più basso, si è dove gli Apostoli dissono a Cristo, che insegnasse loro orare, e ivi disse loro il pater nostro. Ivi appresso si è un crocicchio di via, dove la Nostra Donna moltissime volte si riposò dopo la resurezione di Cristo, quando facea le sue santissime cerche. Dipoi sceso più giu si trova la caverna andando inverso il torrente, dove Santo Jacopo stette sanza mangiare e sanza bere dalla passione di Cristo insino alla resurezione, ed ivi gli apparve, dipoi mangiò e bevve. Poi appresso al torrente si trova il luogo dove Giuda traditore s'impiccò per la gola. E di sopra in sulla collina che va verso Betsania, si è dove Cristo salì sull'asina la Domenica d'ulivo, quando andò in Gerusalem, e quando gli si feciono incontro co' rami della palma, ed entrò per la porta aurea. Poi si trova il torrente della valle di

Giusafà , e quivi si rivalica e tornasi verso
Gerusalem . E un poco ch'altri ha salito si
trova Natatoria Siloè , dove Cristo fece il miracolo del cieco nato , e al dì d'oggi vi si
conciano le cuoja . E poco più sù si trova il
luogo , dove Isaìa Profeta fu segato con una
sega di legno pel mezzo . Ivi appresso si è
una caverna sotterra , dove per paura gli Apostoli stavano ad adorare nascosamente dopo la
passione di Cristo . Poi salito più sù verso il
monte Sionne , si trova il campo il quale fu
comprato de' trenta danari di Giuda ebbe pel
prezzo del tradimento di Cristo , i quali ren-
dè quando s'andò a impiccare . In questo campo si soppeliscono i pellegrini che là muojono . Quivi appresso in una tomba è il luogo
dove San Piero fece la penitenza della rine-
gazione di Cristo , chiamasi Canti Galli . Dipoi in sulla mano diritta si è la porta della
città di Gerusalem che va verso Betleem , e
dentro da quella si è il Tempio di Salomone ,
dove Cristo fece il miracolo dello infermo ,
che era stato anni XXXVIII sotto i portichi
per entrare nell'acqua , quando l'Agnolo la
muovesse , e non avendo chi l'ajutasse non
vi potea entrare . Al quale Cristo disse , to-

gli il letto tuo, e vattene a casa, e fu li-
berato. In questo medesimo luogo, per osservare la legge recò la Vergine Maria Cristo
fanciullo per fare l'offerta al tempio, e quivi
il ricevette Simeone nelle braccia, e allotta
fece il salmo che dice ,, *Nunc dimittis ser-*
vum tuum ,, . Questa porta istà serrata, e
nel Tempio non può entrare niuno Cristiano.
Vedesi l'acqua che traportasi di sul monte
Uliveto. Recò la Vergine Maria per offerta
al tempio un pajo di tortole ovvero di colombi giovani, come povera persona, come racconta il Santo Vangelo. E qui al lato si è
dove si cosse l'agnello. E quivi appresso si
è un'altro luogo, dove Cristo lavò la detta
sera i piedi a' suoi discepoli. E poi si trova
dove lo Spirito Santo venne sopra gli Apostoli raunati, e serrate l'uscia Cristo dopo la
resurezione si ritrovò nel mezzo di loro. E
non v'era San Tomaso, e dipoi dicendolo a
San Tomaso, nol credette loro, anzi disse
se non mettesse le sue dita ne' fori de' chiavelli delle sue mani e ne' suoi piedi, e la
mano nel suo costato nol crederebbe. Dipoi
l'altro dì ed essendo raunati gli Apostoli nel
detto luogo colle porti chiuse, e San Toma-

so con loro , Cristo si ritrovò nel mezzo di
loro e disse: Tomaso metti 'l dito tuo ne' fori de' chiavelli hanno fatti nelle mie mani, e
ne' mia piedi , e metti la tua mano nel mio
Costato , e non volere essere incredulo , ma
sii fedele . Allora San Tomaso conobbe l' errore suo, e riconobbe Cristo per suo Iddio.
Tutte queste cose per insino a qui sono intorno al circuito della Chiesa del monte Sion .
Ivi di fuori in un povero alloggiamento si è
dove la Nostra Donna istette dalla passione di
Cristo insino ch' ella vivette nella presente
vita . E ivi al lato si è dove San Giovanni
Vangelista sagrificava le più mattine e dicea
la messa alla Nostra Donna . E quivi appresso
si è dove la Vergine Maria passò di questa
vita , e per suo guanciale ebbe una pietra ,
la quale gli Angioli la recarono dal monte Sinay . Poco di lunge si è dove gli Apostoli volendo eleggere in luogo di Giuda un'altro Apostolo , acciocchè 'l Collegio fusse intero , git-
tarono nella sorte , e toccò a Mattia per operazione di Dio . E quivi appresso si è dove
Cristo predicò la mattina dell' Ascensione a
Nostra Donna e a' suoi discepoli , prima che
egli andasse al monte Oliveto , donde salì in

150

Cielo . Ed è ivi la pietra in sù ch' e' salì a
predicare , ed un' altra in sù che sedette la
Vergine Maria , quando predicava . E ivi presso alla Chiesa si è dove Davit fece la sua santa ed aspra penitenza de' suoi peccati commes-
si in una tomba ; e quivi fece il divoto Libro
del Saltero , e questo luogo medesimo elesse per sua sepoltura , e così fu . E poi vi fu
soppellito ancora Salomone suo figliuolo. E nota che in sù questa parte del monte Sion si
è una bellissima Chiesa , e divota , e bene abi-
tata , e ufficiasi pe' frati dell' Ordine di San
Francesco ; ed evvi uno guardiano , il quale
tiene ivi otto frati , e tiene nella Chiesa del
Santo Sepolcro due frati , e tiene nella Chiesa dove nacque Cristo in Betleem sei o circa . Costoro sempre quando dicono l' ufficio
tengono serrate le porti per paura de' Saracini . Dalla parte verso la sommità del monte
si è una grandissima piazza in sulla quale furono soppelliti grandissimo numero di Santi,
e in questa piazza presso alla Reggia fu soppellito Santo Stefano primo Martire . Dall'altro capo della piazza dirimpetto alla Chiesa si
è dove era la casa di Caifas , nella quale fu
menato Cristo la notte che fu preso ; e dove

e' fu ischernito e battuto. E in questo luogo è una grandissima pietra la quale fu quella, che e' Giudei posono dinanzi all'uscio del monimento di Cristo. E ivi appresso in sulla mano manca guardando verso la Chiesa si è dove e' Giudei vollono rapire il corpo della Vergine Maria, quando gli Apostoli il portavano a soppellire nella Valle di Giusafà, e miracolosamente rattraparono loro le mani, e palesando la loro mala intenzione, come per dilegione il voleano ardere, e di ciò rendendosi in colpa si battezzarono, e vennono alla fede Cristiana, ed allora le loro mani ritornarono al loro stato primajo di sanità. E appresso a questo luogo è la Chiesa di Santo Jacopo, e nel detto luogo gli fu tagliata la testa. E ivi appresso lasciando la rocca del monte Sion, la quale sopragiudica tutta la città, e discendendo dal lato diritto si trova dove Cristo apparve dopo la resurezione alle Marie, e in quella sommità si fu il palazzo di Davit, ed oggi sì v'è un cassero afforzato quasi a modo d'opera, il quale fa guardare l'Ammiraglio di Gerusalem per lo Soldano. E sappiate che quando Cristo fu crocifisso il monte Calvario e 'l monte Sion erano fuori delle mura di Gerusalem ; bone vero che della parte opposta alla valle di Giusafà non v'è mura , anzi v'è un fosso e uno steccato non troppo forte , e quasi si vincerebbe per battaglia di mano con gente d'arme . Tito e Vespasiano fecione crescere la terra , e missono dentro il Sepolcro e'l monte Sionne. Poi a dì XXIV anno 1384. entramo nella Chiesa di Santo Sepolcro a ora di nona , che fu la vigilia di Santa Caterina , e stemovi insino all' altro dì a ora di vespro . Dinanzi alla Chiesa del Santo Sepolcro si è una piazza , e nel mezzo d'essa si è una pietra , sopra la quale Cristo sedette colla croce in collo il dì della sua Santa passione , che insino quivi la maggior parte della via l'avea recata Simone Cireneo . In sù questa piazza si è quattro cappelle , la prima si è di Nostra Donna e di San Giovanni Vangelista , e quivi stettono al tempo della passione di Cristo , ed è al lato al monte Calvario , e in quel luogo erano , quando Cristo disse alla Vergine : Maria ecco il figliuolo tuo : e poi disse a San Giovanni ; ecco la madre . Bene è vero che oggi è in mezzo tra 'l monte Calvario e questa Cappella il muro della Chiesa del Santo Sepolcro di Cri-

sto , che allora era nno orto di Nicodemo .
La seconda Cappella si è di Santo Michele
Agnolo , la terza si è di San Giovanni Battista , la quarta si è di Santa Maria Maddalena . Ed entrasi poi nella Chiesa del Santo
Sepolcro , ed havvi tre chiavi l' una tiene il
Turcimano del Soldano , la seconda tiene l'Ammiraglio , la terza tengono i Camarlinghi Ec-
clesiastici della loro fede , e spendesi l' entrata che tocca al loro Camarlingo in certe
loro cerimonie , cioè de' danari che si pagano
per entrare nel Sipolcro i pellegrini . Pagasi
d' entrare , la prima volta ch'altri entra nella Chiesa del Santo Sepolcro ducati sei per
testa , e puòvvi stare un dì intero , cioè
ore XXIV. Bene vero ne fanno cortesìa di
lasciarvi stare più alcune ore , ma non è gran
quantità . E chi volessi entrare poi più volte
paga quattro daremi , o veramente quattro Viniziani d'argento che vale l'uno per 4 $\frac{1}{4}$ circa di moneta fiorentina . E chi vi volessi entrare più volte gli fanno questi usurarj cortesìa , recandosi sino a ogni piccola quantità . Bene è vero che quando vi vedessino uomini di cui e' facessino stima d' arme , non
gli lasciano stare gnari tempo , anzi gli fanno

O

accomiatare al Turcimano per parte dell'Ammiraglio del Soldano, che sta nella Terra. Da prima si trova come s è detto alle reggi del Santo Sipolcro cioè della Chiesa, una pietra nera nello spazzo lunga circa a tre braccia fiorentine, in sulla quale fu posto Cristo ed unto, quando fu levato dalla croce, ed ivi ha d'indulgenza a colpa e pena. Ancora ha nella detta Chiesa una Cappella, nella quale è una certa parte della colonna dove Cristo fu legato e battuto la notte di Giovedì Santo, ed evvi indulgenza a colpa e pena. Ancora v'è una colonna, sopra la quale Cristo fu posto per istrazio quando fu coronato. Ancora vi sono le carceri dove Cristo fu messo la notte di Giovedì Santo. Ed e nella detta Chiesa il monte Calvario sopra il quale fu crocifisso il Nostro Signore in mezzo di due ladroni; e questo è quasi come uno sasso d'altezza sopra il terreno circa a braccia dieci, e in sù questo sasso si ha un coro con due altari. E ivi presso nello spazzo a piè del monte di lungi circa a braccia dodici si è il Sepolcro dove fu posto il Nostro Signore Gesù Cristo, quando fu levato d'in sulla Santa Croce. Sotto il monte Calvario si è una Cap-

pella, quasi come cantina, dove fu ritrovata
la testa d'Adamo nostro primo padre, e chiamasi Golgotha. E come tu entri dentro a
man dritta sì v'è un' arca di pietra a modo
di sepoltura, tutta sopraterra, nella quale fu
seppellito il corpo di Gottifredi di Buglione,
e dalla mano manca dirimpetto a questa si è
un' altra arca in simile modo e in propia forma, nella quale fu seppellito il corpo del fratello di detto Gottifredi; i quali morirono di
là, quando feciono l' acquisto di Gerusalem,
e della Terra Santa d' Oltremare, ed ufficiasi
questa Cappella per Cristiani Erminj. Ivi appresso si è una Cappella nel quale luogo apparve Cristo a Santa Maria Maddalena a modo
di ortolano. E quivi appresso si è una Cappella nel quale luogo furono messe le sorte
sopra le vestimenta di Cristo, cioè sopra quelle che non aveano costura. Ancora è ivi appresso una Cappella dove Cristo apparve alla
Nostra Donna, e ufficiasi pe' Frati del Monte
Sionne, e dell' Ordine di San Francesco, e
trovamovi un frate da Bibiena. E sì v'è una
Cappella di Santa Elena, ed è tutta sotterra, e dipoi si scende una scala più giù circa a venti scaglioni. E là giù è dove fu ri-

trovata la Santa Croce di Cristo, e quelle de'
due ladroni, le quali vj furono poste al tempo della passione di Cristo e sotterrate da'
Giudei perche non si ritrovassono. Quasi nel
mezzo di questo circuito si è un coro, e
nel mezzo di questo coro si è un cerchiet-
to, il quale si dice che fece Cristo col dito,
dicendo questo è il mezzo del mondo. Queste Cappelle sono ufficiate, quale pe' Cristiani Franchi e quale pe' Cristiani Greci, e quale pe' Cristiani Erminj, e quale pe' Cristiani
Giacopini, che tutti si dicono Cristiani. E
quando vi vengono pellegrini, i Sacerdoti di
quella generazione s' accozzono e ricevono i
pellegrini, e tutti con torchietti e candele
in mano fanno la processione, ricercando tutte le Cappelle del Santo Sepolcro, mettendo
per Cappella il Sepolcro di Cristo, e il monte Calvario; che nell' uno luogo e nell' altro
si sagrifica il Corpo di Cristo, e di drieto a
costoro vanno alla detta processione tutte le
generazioni de' Sacerdoti, che vi sono e tutt'i
pellegrini. Il dì di Santa Caterina a ora di
vespro uscimo dalla Chiesa del Santo Sepolcro, avendo fatto sovra esso sagrificare, e co-
municatoci in quel Santo Luogo del vero Cor-

po di Cristo, e riposamoci l'altro dì. Dipoi
la notte vegnente, che fu a dì XXVI di Novembre nel 1384. di mezza notte ci partimo
di Gerusalem, e andamo verso il fiume Giordano, dove Cristo si fece battezzare a San
Giovanni Battista, facendo la diritta via pas-
sando per Befagie e per Bettania. E appresso al fiume Giordano trovamo la Chiesa di San
Giovanni Battista, la quale è divota, e bella, e forte. Ed è di bisogno ch' ella sia in
fortezza, perciocchè ell' è in mezzo del detto fiume e la terra di Gerico, dove sono i
maggiori ladri di quel paese. E la notte dinanzi albergamo tra Gerico e Bettania, e
tutta notte ci convenne fare la guardia. Questa Chiesa fece fare Santa Elena madre di
Costantino Imperadore, ed ufficiasi pe' Calori
di Grecia. Mostraronci la mano di San Giovanni Crimaco sanza il dito grosso. Al fiume
Giordano stemo gran parte del dì, e in quello ci bagnamo tutti per nostra divozione non
ostante che 'l tempo nol patisse, e tutti che
sapavamo notare, valicamo il fiume notando,
e gli altri rimasono; e quivi ad alte boci
cantamo il *Te Deum laudamus*, rispondendo
chi era di là, e chi era rimaso di quà. Dal

luogo dove ci bagnamo appresso a quattro miglia mette il fiume Giordano nel mare maladetto e qui finisce suo corso. Questo è il
luogo dove pe' loro peccati Iddio fece sobbis-
sare quelle cinque città, Sodoma, e Gomorra, e le altre. Questa acqua del fiume Giordano va gran pezzo fra mare prima che paja
una medesima cosa con quella. Questo è a
modo d'uno grande stagno, e in quell' acqua
non si vede di niuna generazione pesce, ne
anguille, nè niuno legno vi stà a galla; ed
ogni uccello che vola sopra esso vi casca
dentro morto. Il paese d' attorno è sterile
quasi come diserto, e nella costa di sopra
è dove la moglie di Lotto diventò statua. Dipoi tornamo a Gerico, che è di lungi al battesimo circa a sei miglia. Questa è assai bella terra e doviziosa di cannamele da zucchero, e datteri, e altri frutti. Ma come detto di sopra ha pessima gente. Questa Terra fu la prima che 'l popolo d' Isdrael pislias-
se in terra di promessione; e combattendola
il popolo, pe' prieghi di Giosuè Iddio fece
cadere le mura, ed a questo tempo era nobile città, e quivi pigliano la palma i pellegrini. E quella sera albergamo a un Cane,

che è appiè del monte della Quarantana , e
quivi fummo male ricevuti . L'altra mattina
al fare del giorno ci avviamo verso il monte
della Quarantana , dove Iddio digiunò quaranta dì e quaranta notti , e in quello luogo fu
tentato dal dimonio ; e dal monte della Quarantana a Gerico ha miglia sei o circa . A questo monte si sale difficilmente e per viottole ,
che di sotto e di sopra hanno grandissime ed
erte ripe . E appresso alla sommità si è una
caverna dove Cristo fece la Quarantana . E in
questo luogo trovamo un Romito Cristiano di
Grecia , che parea un Santo Padre . Questi
era pallido e magrissimo , e gli occhj soffornati nella testa , che parea la morte , tant'era
la sua scurità . A costui lasciamo un poco di
biscotto , e parvegli esser ricco ; ma bene
pensamo i Saracini gnene togliessino . E la
sera n' andamo ad albergo a un Cane , che è
tra questo luogo e Bettania . La seguente mattina di buon'ora giugnemo in Bettania , ed
ivi trovamo il luogo dove fu la casa di Marta , dove Cristo mangiò , e stette molte volte . E sì v'è dove fu la casa di Santa Maria
Maddalena , e poi Santa Elena ne fece fare
una chiesa a sua reverenza , ed è quasi dis-

fatta. Ancora ivi appresso si è il luogo dove Maria e Marta si feciono incontro a Cristo dopo la morte di Lazzero, quando gli dissono: se tu ci fussi stato il nostro fratello non sarebbe morto. Poi più verso Gerusalem si è una Chiesa, la quale oggi i Saracini tengono per Moscheta, nella quale si è il Sepolcro, nel quale era Lazzero, quando Cristo il risuscitò. Nella detta Chiesa non si può entrare, perocchè è Moscheta, più oltre che la sepoltura; di quella furtivamente ne recai una spranga. E per la via di Befagie della valle di Giusafà tornamo in Gerusalem. A Befagie si è una pietra, dove Cristo salì in sull'asino la domenica d'ulivo, quando andò in Gerusalem. Dipoi a dì XXVIII del detto mese tornamo in Betleem, e quivi stemo quel dì e la notte vegnente per nostra consolazione. La seguente mattina ci partimo, e andamone alla casa di San Zaccheria, padre di San Giovanni Battista; nel quale luogo si è la propia casa, ed è accresciutovi una Chiesa, la quale fece fare Santa Elena madre di Costantino. E ivi appresso di sotto al detto luogo trovamo una fontana bella e bene copiosa d'acqua; e in quel luogo si fece Santa Eli-

sabetta incontro a Nostra Donna , e ivi fece
la ,, *Magnificat anima mea Dominum* ,, quando
la Vergine Maria l'andò a visitare ; e in quella
Santa Elisabetta si sentì per allegrezza il fanciullo saltare nel ventre suo . Nella sopra-
nominata Chiesa si è un luogo , nel quale fu
circonciso San Giovanni Battista , ed è tutta
in volta , e fannone istalla i Saracini . Ancora è un luogo nella detta abitazione , nel qua-
la quando Erode fece cercare ed uccidere gli
innocenti , si aperse una pietra per sè medesima , nella quale Santa Lisabetta nascose il
suo figliuolo Giovanni Battista , e così aperta
è la detta pietra per insino al dì d' oggi.
Dall' altra piaggia al dirimpetto poco di lungi
è una Chiesa bellissima . In questo luogo nacque San Giovanni Battista , e fecela fare Santa Elena per questa divozione , e quivi stette
Zaccherìa e Lisabetta . Dipoi andando verso
Gerusalem si trova una bellissima Chiesa , la
quale fece fare Santa Elena ; e in quel luogo
nacque il legno della Santa Croce , e per
me' dove era il legno della Santa Croce , si
è l'altare maggiore , e ufficiasi pe' Frati d'Armenia ; e la sera tornamo in Gerusalem ad
albergo . Poi l' altra mattina a dì II di De-

cembre ci partimo da Gerusalem tenendo verso Damasco, e quella sera albergamo ad un Cane che è per lo cammino. L'altra mattina ci partimo tenendo verso Vabalus, il quale è grosso Castello in Sanmarìa presso laddove fu il Castello, dove la Sanmaritana diede bere dell'acqua a Cristo, e fummo al pozzo sopra 'l quale Cristo si pose a sedere quando le chiese dell'acqua, e quivi albergamo quella notte con grandissima divozione, e recai della pietra del pozzo. L'altra mattina ne andamo a Sebesten. In questa Sebesten istava Erode, e quivi fece tagliare la testa a San Giovanni Battista, quando la figliuola gnene chiese. Questa fu già grandissima e bella città, ed è in montagna; e ancora vi si vede molte anticaglie come in Roma, ed è quasi disfatta e disabitata. Questa è quella città dove fu seppellito Santo Giovanni Battista, quando e' fu dicollato, e fu soppellito in mezzo di due profeti, cioè Eliseo e Ezzechiel. Dipoi ne andamo a Nazeret, dove Nostra Donna fu annunziata dall'Angiolo Gabriello. Questa fu già grandissima città, ed oggi è molto diminuita, ed è sanza mura come sono quasi la maggior parte delle Terre del paganesimo. Qui al

lato alla Terra si è dove Nostra Donna fu
annunziata ; e questa è una caverna sotterra,
la quale s' assomiglia assai a quella di Betleem
dove nacque Cristo, ed è divotissimo luogo ;
e al dirimpetto fece fare Santa Elena una bellissima Chiesa, la quale hanno quasi che disfatta i Saracini. Appresso a questa Terra si
è una bellissima fonte, della quale Cristo essendo fanciullo portava dell' acqua alla madre
spesse volte. Poco di lungi a questa fonte
si è un monte, il quale si chiama buon sal-
to, del quale i Giudei vollono gittare a terra Cristo, e al dirimpetto si è un' altro monte sopra 'l quale Cristo saltò di lungi circa
una balestrata. Dipoi presso forse a tre miglia si è dove Cristo risuscitò il figliuolo della Vedova, quando disse : ,, *adolescens tibi di-*
co ,, e altro. Poi più alto si è monte Tabor,
dove Nostro Signore si trasfigurò, e dove gli
apparve Moyses ed Elia. Nel quale luogo San
Piero disse a Cristo : facciamo qui tre taber-
nacoli, uno per te, uno per Moyses, e uno
per Elia. Poi a man ritta in sulla sommità
di un' altro monte presso forse a cinque miglia, è Cesarea Filippi, donde fu San Filippo
e Santo Jacopo. Questo Castello è forte di

sito, ma non ha mura, e hanno carestia di
fiumane. Dirimpetto a questo a man manca
di lungi circa a sei miglia si è Zaffetto.
Questo è grosso Castello e bene murato; e
muraronlo i Cristiani quando tenevano il paese. Questo batte bene la provincia tutta di
Tebarìa, cioè Galilea e parte di Sorìa insino a Damasco, e insino ad Acri, e appiè di
questo albergamo la sera. Il seguente dì n'andamo al mare di Galilea. Questo quantunque
si chiami mare, non è acqua salsa, anzi è
dolce, bella, e buona da bere quasi come i
laghi d' Italia. Intorno a questo lago fece
Cristo molti miracoli, e quivi elesse per suoi
discepoli San Piero, e Santo Andrea, e più
altri. Questo mare si fa dell' acqua del fiume Giordano, la quale si ristà in questo piano, e ivi fa conca e grembo di sè medesima, come tu dicessi in Lombardia del Lago
di Garda, e nel Ducato di quello da Piè di
Lucho. E così come quello di Garda fa sua
uscita a Peschiera e vanne in Pò, e come
quello di Piè di Lucho cade alla Nera e vanne in Tevero, così questo sì va a uscire,
e vanne per terra di promessione diritto dove Cristo si fece battezzare a San Giovanni,

e viene a finire suo corso al mare maladetto,
come addrieto facemo menzione, dove sobis-
sò Sodoma. E questa acqua comincia suo corso nel monte Libano, come faremo menzione quando alla materia verremo. Appresso a
questo luogo pure nel piano si è dove Cristo
fece alle nozze diventare dell' acqua. vino, e
fu questo il primo miracolo che facessi. Di
sopra nella piazza a Cana Galilea si è uno
aspro monte, dove è una piccola e divota
Chiesa, la quale quando vi fummo comincia-
va a cadere ; e fecela fare Santa Elena. In
questo luogo pascè Cristo di cinque pani d'or-
zo, e due pesci cinque migliaja d' uomini sanza le femmine e' fanciulli, ed avanzovvene
dodici sporte. È ancora ivi appresso dove
Cristo fece dell' acqua vino alle nozze, e dove egli liberò la 'ndemoniata, ed evvi dove
egli apparìo agli Apostoli, quando gli fece ces-
sare la fortuna, quando disse a San Piero : uomo di poca fede : e dove molte volte apparve
loro, ed è ivi dove egli predicò essendo in
nave alle turbe. La sera albergamo in questo
mare, dove Cristo andò con asciutti piedi,
cioè sanza immollarsi sopra l' acqua. In questo paese ha assai Terre, ma tutte sono san-

166

za mura salvochè Zaffetto, e tutte si vince-
rebbono per battaglia di mano eccetto Zaffetto. Entramo l'altra mattina in sulla strada
diritta che va da Gerusalemme a Damasco,
dove sono certe Terre pure al medesimo modo, ed havvi certi luoghi di divozioni, ma
non tanto notabili quanto gli altri. E in questo cammino albergamo una sera a uno Cane, dove demo a un Canattiere un daremo
per testa di stallaggio di tutti quanti che eravamo. Poi la mattina vegnente ci avviamo
verso Damasco, nella quale città giugnemo
la sera a dì VIII del detto mese di Decem-
bre del 1384. E quivi trovamo assai cose notabili, delle quali qui appresso ne faremo
menzione. Ma nella giunta a' borghi ci fu fatta una gran villanìa, e fuggissi il nostro Turcimano, e rimidiarono certi uomini antichi.
Nelle mura di Damasco si è ancora in piè
la finestra, donde fu collato San Paolo in
una sporta fuori della terra, quando si fuggì che 'l voleano uccidere. Nella detta città
si è ancora in piè la Casa ovvero palazzo dove San Paolo fu battezzato per le mani d'Ananìa. Appresso alla Terra per la via che va
a Santa Maria di Sardana si è il luogo dove

San Paolo si convertì , e dove e' perdè il vedere , e cadde in terra , quando Iddio gli disse : Paolo , perchè mi perseguiti ? Il quale
vedere riebbe quando Santo Ananìa il battez-
zò e convertissi alla fede di Gesù Cristo .
Nella costa di sopra a Damasco circa a due
miglia di lungi verso Tramontana , si è il
luogo dove Caino uccise Abello suo fratello ,
i quali furono i primi uomini nati d' uomo e
di femmina , discesi d' Adamo e d' Eva , fatti
per la mano di Dio Padre. E in quel luogo
è fatta una Chiesa , la quale fece fare Santa
Elena , madre di Costantino ; e quivi fu dove
Iddio domandò Caino dove era il suo fratello
Abello , quando e' l' ebbe ammazzato , a cui
Caino rispose , che non era la guida d' Abello   Nel luogo dove si convertì San Paolo appresso alla terra si è un campo , ed evvi una
pietra , sopra la quale si dice fu tagliata la
testa a San Giorgio , ed hannovi i Cristiani
gran divozione . Di lungi a Damasco circa a
quattordici miglia si è Sardana , il quale tengono i Cristiani di cintura ; e questo non è
per loro potenza , ma tutto procede da Dio ,
perocchè in quel luogo non vivono i Saracini , ed ufficiasi pe' Calori di Grecia . E quivi

ha vigne assai , e beono del vino assai al
modo nostro di quà e' Cristiani vi stanno
Alla sommità del Castello , quasi come un
cassero si è una bellissima Chiesa , ed è coperta di tegoli al modo nostro di quà , ed ha
chiostro e piazza dinanzi alle reggi Questa
Chiesa si è uno munistero di Vergini Cristia-
ne di cintura . Per numero di ventitre erano allora dentro , e di fuori hanno servigiali
ed oneste donne . In questo luogo infra l'altre cose notabili si è una tavola di Nostra
Donna di grandissima divozione , che già per
antico solea istare un prete per loro Cappel-
lano , la quale tavola tenea nella sua camera . Questo prete avea per suo buon costume andare ogni anno a fare la quarantana in
Gerusalem , e ritornava alla Chiesa del Santo Sepolcro di Cristo , il quale è di lungi a
questo luogo circa a otto giornate . Questo
Santo prete portò seco questa tavola di Nostra Donna , e misela in uno certo luogo,
dove dovea dormire la notte , e fare sua penitenza . Quando per sua divozione si volle
ritrovare a piè di questa Nostra Donna , e
andando dove l'avea posta non ve la trovò ,
ed ebbene grandissima amaritudine , pensando

gli fusse stata tolta . Dipoi compiuta la qua resima e' si tornò in Sardana alla sua Chiesa , nel quale luogo nella sua cella al luogo suo consueto trovò ritornata per sè medesima la detta tavola di Nostra Donna . Andando il seguente anno al Sepolcro anche la riportò seco e posela nel propio luogo . Dipoi ritor nando alle sue orazioni anche non la vi ritro vò , della qual cosa ebbe grande afflizione , e tornato che fu alla sua Chiesa ancora la ri trovo come la prima volta , e così la portò tre volte . La terza volta questa tavola dove prima era legno dipinto d' una immagine di Nostra Donna , diventò della parte dentro car ne , e sempre gitta gocciuole di, sudore . Di questo liquore si dice molte cose , fra l' altre tengono i marinaj di que' paesi , che quando il mare avessi fortuna , che gittandovene den tro rabbonaccia di subito ; anche è buono a certe pistolenze . Queste Sante donne danno di questo liquore a' pellegrini in certe ampo luzze piccolissime , e così feciono a noi . Del quale santo liquore io fui prosuntuoso a ugner me un dito della destra mano , e a fregar melo a uno bitorzolo che io avea di carne rilevata nella gota sotto l' occhio ritto , e l'al

P

tra mattina trovai ch' er' ito via, e rimasine
libero E tornato che io fu' a Firenze trovai
ch' un mio fanciullo ch' à nome Francesco avea
tutta guasta la polpa dell' una gamba di co-
tale scaja, che facea puzza. Di òhe io ve ne
posi sù a modo aveva fatto alla mia gota, e
dissi alla madre, che non ve gli ponessi più
unguenti, nè altre medicine, e di subito la
gamba fu libera e sana come l'altra. A questa
Chiesa e munistero di donne una volta fra
l' altre furono gran quantità di Saracini, e
con artifizj da disfare mura se n' andorono
alla detta Chiesa per disfarla, e come toccarono le mura di subito per miracolo di Dio
diventorono attratti ; e da quello punto in
quà non vi sono vivuti Saracini ; e per timore hanno lasciato quello Castello a' Cristiani di cintura, e a questo Santo Monasterio
come abbiamo fatto menzione Quando ci partimo da Damasco incontramo presso a Sardana
parecchj Saracini di bassa condizione, i quali
avevano in sur uno cammello legato attraverso un morto, e dietro a lui in sur un' altro
cammello n' avea un' altro ch' era vivo legato
in simile forma, costui avea morto quello
dinanzi, ed era menato agli ufficiali che stan-

no per lo Soldano in Damasco. Alla nostra
tornata chi volle di noi andare a vedere fare
giustizia di costui si potè sanza niuno impedimento. La giustizia feciono in sù una gran
piazza, che è al lato al cassero del Soldano
dalla parte dentro di Damasco. Posono costui
ignudo in sur un cammello quasi a cavalcio-
ne legato a certi legni artifiziati a similitudine di croce, e appiccatolo colle braccia tanto alto, che quasi tutto stava sospeso. Poi
venne il Giustiziere con una grande scimitarra ignuda, e punsegli un poco il corpo, e
prestamente colla scimitarra gli diè un colpo
attraverso di sopra al bellico che tutto il ta-
gliò; le braccia colla parte di sopra rimasono appiccate alto, le coscie e l'avanzo del
busto rimasono in sul cammello, eccetto
le 'nteriora andorono per terra. La città di
Damasco è tutta murata, ma non ha fossi se
non in alcuno luogo, ed è antica e grossa
città, e ha grandissimi borghi che fanno più
gente che 'l corpo della città; e in molte luogora le case de' borghi sono appiccate alle mura della città, e' borghi non hanno nè mura, nè fossi, nè steccati. Quando ci trovamo là andò la Carovana di Damasco a Lamech

per lo perdono e per la mercatanzia che cer-
cano delle parti d'India. A Lamech si è il
corpo di Maumetto, il quale e' vanno a visitare come noi facciamo il Santo Sepolcro;
e dicono che la Chiesa, cioè le pareti, dal
lato il tetto e lo spazzo è di calamita; e perchè la calamita tira il ferro, hanno posto e
compassato nel mezzo cioè nell' aria una cassa di ferro, la quale è tirata igualmente così
dalle pareti delle mura dal lato come dal tetto e dallo spazzo, per modo ch' ella istà nell'
aria nel mezzo della detta Chiesa. E in questa cassa ovvero arca fu seppellito il corpo
di Maumetto. Ed è da Damasco a Lamech
circa a quaranta giornate, che la maggior parte ma quasi tutta è diserto. Partironsi da Damasco per andare a Lamech mentre v' eravamo noi per numero ventimila uomini, e non
parea che ne fossi uscito persona, e così erano piene di gente molte vie come sarebbe in
Firenze il dì di San Giovanni la via dove si
corre 'l palio, e questo là ogni dì è continuo. E così come questa Terra è piena di
gente, così è piena di mercatanzìa e d'artefici, ed ogni arte ha sua stanza di per sè in
varj luoghi e diversi della Terra, come tu di-

cessi i Conventi dell' arte della Lana in Firenze Gli artefici di là non possono mutare
arte ; conciosiacosachè se 'l padre arà fatti drappi , o sia stato orafo , o sia che arte si vuole , i figliuoli ; e tutti e' suoi discendenti non
possono fare in eterno altra arte che quella .
E questa è la cagione perchè le cose vi si
fanno meglio , e più sottilmente e più belle
che nelle parti di quà . La Terra e innanzi
cara che nò , e massimamente di legname .
Ha nella Terra molti maestri da fare confe-
zioni , e non fanno niuna altra cosa , e sfor-
zansi di fare bone cosuccie di zucchero e di
mele in giengiovo e altre cose . Ed havvi molte botteghe che non fanno tutto l' anno altro
che vendere fiori , viuole , e rose , e sono
molto più odorifere che le nostre , e là si
fa la migliore acqua rosa del mondo . Hanno
modo a conservare tutto l' anno co' loro artificj la neve , e vannola vendendo l' anno di
state , e rinfrescano con essa quelle loro be-
vande . Damasco ha buonissime acque e grande abbondanza , le quali corrono di più parti , e massimamente delle piaggie e della costa di sopra , dove Caino uccise Abello . Havvi buonissime carni e uccellagioni , e massi-

mamente francolini e cotornici . I Francolini
son quasi fatti come fagiani , ma sono minori.
Le loro cotornici sono maggiori che le nostre . In questa Terra istemo circa a un mese , dove ricevemo grande onore da certi Viniziani e Catalani , e massimamente da' loro
Consoli . Quivi come fummo giunti ammalò
Andrea di Messer Francesco Rinuccini nostro
terzo compagno , e alcuno nostro famiglio , i
quali facemo ajutare nobilissimamente , ma pure piacque a Dio chiamarlo a sè , e simile un
famiglio . Lui facemo soppellire con patto di
diposito , sicchè se i suoi fratelli rivolessino
di quà le sue ossa , le potessino avere con
pagare certa quantità di danari , i quali promise Andrea di Sinibaldo da Prato , il quale
era in Damasco pe' Portinari , e da lui fummo molto onorati . Seppellito Andrea ci partimo di Damasco a dì XXIX di Gennaro 1384.
tenendo verso il monte Libano , nelle quali
piaggie Noè fece tagliare certa quantità e parte di legname di che fece l' arca al tempo
del diluvio . Di questo monte escono due fon-
ti , che fanno due fiumicelli , i quali tutti a
due discendono per lo piano di Noè tra Damasco e 'l poggio , che si chiama l' arca di

Baruti, e in questo luogo fece Noè l'arca. Ha
nella piaggia verso la marina sopra alla strada che va a Baruti una Moscheta, che già
fu una bella Chiesa di Cristiani, nella quale è
nel muro un luogo alto bene trenta braccia,
dove si dice fu seppellito Noè, e chi dice
fu seppellito dove Santa Elena fece fare l'altare della detta Chiesa. I due fiumicelli, che
escano del monte Libano, e vengonne per lo
piano che è di sotto a questa Moscheta, l'uno
ha nome Gior, e l'altro ha nome Dàn, e
raccozzansi insieme di sotto alla strada che
va da Damasco a Baruti, sicchè di due di-
ventano uno, e così di due nomi ne fanno
uno, e quivi comincia a chiamarsi fiume Giordano, e mena assai pesci e buoni, de' quali
quivi ne comperamo e cuocemo. Poi discen-
de questo fiume per le parti di Galilea, come addrieto facemo menzione. E dipoi ch'à
fatto questo mare, fa pure suo corso l'acqua
che n'esce, e chiamasi pure fiume Giordano, e corre per terra di promessione, e per
le parti dove Cristo si fece battezzare, e poi
viene a mettere nel mare maladetto dove fu
Sodoma e Gomorra, e le altre città come addrieto dicemo, e quivi perde suo corso. Il

paese che noi chiamiamo Galilea , chiamano
i Saracini Tabarìa , ed ha giù per la fiumana del Giordano molti casali e ville ed è doviziosa d' ogni bene . Dalla parte di sopra al
monte Libano verso tramontana si è Tripoli ,
e le terre che sono in sul mare hanno buoni
porti . Partimoci del piano di Noè tenendo verso Baruti , andando sù per un' aspra montagna quasi a modo delle Alpi nostre di quà ,
dove stà quasi tutto l' anno la neve . Havvi
alberi quasi a similitudine di quercie . Disce-
so questo poggio tenendo verso Baruti trovamo una grandissima selva di pini dimestichi
al modo di quà , come se tu dicessi la pi-
neta di Ravenna e di Chiassi . Giugnemo a
Baruti all'entrata di Quaresima . Baruti è bello castello , , ed havvi una rocca assai bene
murata , e fanne fare il Soldano gran guardia e tienvi gente d' arme , nelle mura del
Castello batte l' acqua del mare , ed è buon
porto ; e quivi si pone ciò che si vuole mandare o trarre di Damasco . Il Castello non è
sì forte che non si vincessi per battaglia dalla gente dell' arme di quà . È il paese grasso , e ubertoso , e ricco , ed evvi gran quantità di bambagia . In questa Terra si è una

Chiesa , la quale soleano ufficiare i frati di San
Francesco , la quale è bella e divota , e diel-
laci per nostra stanza il Consolo , che quivi
è pe' Viniziani , e chiamasi la Chiesa del Salvatore. In questo luogo fù già un notabile
miracolo , che sendosi raunati quivi molti Giudei , e per dirisione batteano un Crocifisso ,
del quale per miracolo uscì grande abbondanza di sangue , tanto che correa fuori per le
vie. Di che la gente cominciò tutta a corre-
re là , e trovarono costoro , di che ciascuno
ebbe gran timore ; e per questo miracolo molti se ne battezzarono , e diventarono Cristiani. Ancora v'è la colonna dove Santa Barbera fu martirizzata. Ivi presso a un miglio
in sul mare si è la Chiesa di San Giorgio ,
la quale è in quello luogo dove Santo Giorgio uccise il draco , il quale ogni dì divora-
va una creatura , e liberò quel paese. In questa Chiesa del Salvatore facemo la Quaresima
con gran consolazione , e in quel mezzo v'ar-
rivò Messere Ulivieri di Cinchy , il quale era
venuto del Reame di Francia , e ito nel Reame di Puglia col Duca d'Angiò. Costui menò
seco trenta Cavalieri a spron d'oro , fra quali
fu un suo figliuolo che morì , e là ancora vi

morirono gran parte degli altri che menò seco . Quivi ci accozzamo insieme avendo cia-
scheduno fornito il suo pellegrinaggio , aspet-
tando navilio per tornare in Cristianità ciascuno alle sue case e famiglie . Arrivòyi Messer Arcoletto Riccio e Messere Pieruccio Malipieri gentiluomini Viniziani , che veniano di
ponente con una cocca a due coverte grandissimo legno , e per lo lungo cammino non
l'aveano potuta conciare in quell'anno , di che
ella metteva assai acqua , tanto che tra dì e
notte se n'avea a gottare circa a cento cogna . Facemo vela del mese di Maggio avendo sempre venti per noi insino al Golfo di
Satalia ; e ivi ci prese un nodo di vento con
tanta tempesta e fortuna , che ci spezzò le
bonette della vela , ed avvolseci la vela all'
albero , e traportòcci insino nella Barberìa ,
venendoci assaissime volte l'acqua sopra coverta , per modo che poca speranza c'era ri-
masa , e così ci tirò presso alla terra forse
a mezzo miglio . Per la grazia di Dio cominciò a bonacciare , mettendo in mare certe reliquie appropriate alla fortuna . E trovamoci
avere trascorso per fortuna circa a ottocento
miglia , poi ci rimettemo a poco a poco in

sul cammino, ringraziando Iddio che ci avea
guardati del percuotere a terra, perocchè sa-
remo stati venduti per ischiavi. Nondimeno
noi stemo quattordici dì, che noi non vedemo altro che aria e acqua. E così tornan-
do in sul nostro cammino, lasciando l' Isola
di Cipri in sulla mano diritta andamo a terra
a prendere rinfrescamento d' acqua e di vettovaglia, delle quali avamo grandissimo bisogno, che per la grande arsura ch'avamo
avuta in sulla cocca, avamo mangiato per in-
salata tutte le foglie di certi melarancj che 'l
padrone avea in certi bariglioni, che gli portava da Baruti a Vinegia. Preso nostro rinfrescamento facemo vela lasciando l' Isola di Candia a man diritta, avendo venti per noi, sicchè sanza impedimento ritornamo alla Città di
Vinegia, dove ci fu fatto grandissimo onore,
e desinamo una mattina col Doge, e cenamo
una sera con Messer Pieruccio Malipieri, dove invitò più di cinquanta gentili uomini Viniziani. Poi e' prestò a Messer Beltramo Ducati mille per tornare a casa sua, che gli
erano mancati e danari. Ed e' promise riman-
dargli a certo termine, mettendo Giorgio per
mallevadore a ducati dugento, e me il simi-

le a ducati dugento, ma egli come leale Ca
valiere gli rimandò al termine. Soprastemo
in Vinegia alquanti dì, poi tornamo a Firenze per la via di Bologna, e in capo d'undici mesi e mezzo rientramo in casa nostra,
dando consolazione alle nostre famiglie.

INDICE

DI ALCUNI MODI ANTICHI, OSCURI
E DI VARIO SIGNIFICATO

Pag. 65. Lin. 12. *E la nostra stanza di Vinegia diliberamo fussi.* Vale a dire e deliberamo che il nostro albergo fosse etc. Questo modo di dire è usato dai migliori e trovasi sovente nel Boccacci. Quanto al fussi è questo un idiotismo Fiorentino di porre in terza la seconda persona dei verbi, e da questo nostro si usa continuamente, come ancora *mia sua all'ansù uscia* ed altri, per miei suoi all'insù uscj, i quali io ho conservato per dare il testo non alterato in niuna parte. Questi modi però non deono accettarsi per buoni e deono anzi essere come pessimi rifiutati.

70. ... 6. *Che 'l forte erano panni Lombardi* ,, cioè che la più parte erano panni Lombardi. Questo bel modo degli antichi è usato anche dai moderni, e se ne trovano più di ogni altro esempj nel Davanzati, il quale in materia di Commercio disse pure nel suo Trattato dei Cambj ,, *E perchè il forte dei Cambj in Firenze si fa per Lione dirò i costumi di quella piazza* ,,. Questo nostro si serve spesso di questo

modo come appresso „ *E quivi si riccoglie il forte della Romania* „ cioè il migliore , il fiore delle produzioni

Pag. 71. Lin. 13. *Riducemoci all' Isola del Giante* „ cioè all' Isola del Zante una delle sette Isole, delle quali e ora Corfù la sede del Governo . Anticamente Zacinto ed Iria .

... 71. ... 17. *E questo secondo li loro vocaboli Greci diriva da uno serpente* „ Dee esser questa una tradizione popolare della quale non so trovare l' origine .

... 72. ... 26. *E sempre stetti a pollo pesto* „ Cioè sempre stetti malato . Il Vocabolario spiega l' essere o lo stare a pollo pesto „ *stare per qualche accidente male o d'animo o di corpo per essere il pollo pesto propria vivanda dei gravemente ammalati* .

... 73. ... 6. *Facemolo soppellire nel detto Castello* „ Soppellire dissero gli antichi in luogo di seppellire , e ve ne sono assai esempj ne' libri antichi , come nella vita di S. Gio. Battista „ *Ed ecco che se ne portarono il corpo per soppellirlo* „. Nel Livio volgarizzato „ *E ne portarono a soppellire lo corpo con lagrime e pianto di tutti e' buoni Romani* „ Questo nostro benchè Scrittore non antichissimo l' usa pure in ogni luogo .

... 73. ... 8. *Dirimpetto al Porto di Modona si e un grandissimo poggio* „. Questo poggio sono le Isolette della Sapienza chiamate Oenuse da Pausania , e sono discoste da Modo-

ne circa quattro miglia . Dove ab-
biasi poi il Frescobaldi ricavato
questa Storiella dei poeti e Filosofi , che vi si ragunavano a fare
le loro arti non so trovarlo . Pausania come ho osservato di volo
nomina questi luoghi nel Lib. IV,
ed Omero nomina nel suo Poema
Modona Pedaso , e lo assegna come una delle città promesse da
Agamennone ad Achille Questa
favola dee dunque essere per quanto può conghietturarsene una tradizione popolare originata dall'a-
vere anticamente regnato in queste Isole il Poeta Pedaso, secondo attesta Strabone nel Lib. 8. ,,
Εξης δ' εστι Μεθωνη , ταυτην δ' ειναι φασι
υπο τα ποιητα πηδασον προσαγορευο-
μενην , μιαν των επτα ων υπισκιτο τω
Αχιλλη Αγαμεμνον · ,, Evvi dipoi
Metone , questa dicono essersi ap.
pellata Pedaso dal poeta di questo nome , ed è una delle sette
promesse da Agamennone ad A-
chille .

Pag. 75. Lin. 1. *Gittamo i ferri di lungi alla Terra* ,,
Gittamo l'ancora lontano dalla Cit-
ta , demmo fondo .

··· 76. ···· 13. *Sopra una cortella , nella quale non
ci assegnò altro che lo spazzo* ,,
Cioè sopra un piccolo cortile nella quale non ci assegnò altro che
il pavimento . Grazioso modo di
dire per dare ad intendere che non
v'era in quella camera niuna sorta di mobile .

··· 76. ···· 24. *Ci domandò se volessimo tornare alle sue spese , dicendogli che sì*

tenneci a tanto a scotti. „ Cioè, ci domandò se volevamo stare a sue spese , dicendogli di sì , ci fè pagare tanto per desinare . *Scotto* spiega il Vocabolario *desinare o cena che si mangia per lo piu nelle taverne .*

Pag. 77. Lin. 10. *Sappiate che la città d'Alessandria non è al dì d'oggi ove era al tempo di Faraone „.* . Conviene perdonare ad un' uomo non letterato questo errore . Ognun sa che Alessandria fu fabbricata da Alessandro Magno e non esistea a'tempi degli antichi Re di Egitto .

. . . 17. . . . 74. *L'altra terza parte della Sala anche era di tappeti manco così orrevoli „* Cioè di tappeti non di tanto prezzo , valendo qui il manco per non , e vi sta assai elegantemente , ed è frequente tal modo negli autori del buon secolo .

. . . 80. . . . 16. *E se noi aveamo due Papi „.* In questo tempo durava ancora lo scisma nella Chiesa , il quale poi terminò nel Concilio di Costanza La domanda del Saracino si riferisce a questo

. . . 81. . . . 8. *Il qual Nilo è parte del fiume di Gibs.* Gli antichi aveano del Nilo oscurissime notizie , e non è neppure a' giorni nostri sicuramente verificata la sorgente di questo fiume .

. . . 86. . . . 1. *Dell' Isola di Roscia „* Cioè di Rosseto posta alle foci del Nilo , e così appresso il Castello da lui detto di Susa è Suez . Qui l'autore confonde l'Isola di Rosseto e Raskit col gran Delta di Egitto , e

facendone tutta un'Isola le dà er-
roneamente 5oo miglia di giro,
lo che è falso essendo Rosseto
staccata affatto dá quell'Isola per
un ramo del Nilo .

Pag 86. Lin. 17. *Trovamo nella riva del Nilo,uno ser-*
pente „ . Dalla vivace descrizione
ne fa comprende ognuno che intende parlare del Coccodrillo .

...87. ... 20. *E i loro gambi del grano sono gros-*
sissimi e nespi „. Cioè grossissimi
e forti .

... 88. ... 12. *Ancora era chiamata e si chiama*
Teurgia ., Questa Città con no-
me di Teorgia è ricordata dall'
Arcivescovo di Tro, e da altri
Storidi delle Crociate .

... 88. ... 12. *Ed è dove fu preso il Re di Fran-*
cia „. Cioè San Luigi IX Re di
Francia . Questa descrizione si ac-
corda con quella di questo fatto
leggesi nell' antica Istoria di questo Re scritta dal Sire De Jon-
ville .

... 89. ... 7. *Giugnemo al Cairo e a Babilonia*
che è quasi la medesima cosa „.
I Saracini chiamavano il Cairo anche Babilonia , perciò dice non
essere che una sola città chiamata con questi due nomi .

... 92. ... 16. *Gran quantità di Lapidarj* „. Cioè
Giojellieri . Questa voce è assai
antica e frequente nel Novellino .

... 92. ... 26. *Si trovano XII Granaj di quelli che*
fece fare Giuseppe „. Questi Gra-
naj sono le famose Piramidi fab-
bricate dagli antichi Re di Egitto La plebe del Cairo , come si
rileva da altri viaggiatori, avea
questa opinione , e l' autore l' ha

Q

186

inserita tal quale senza curarsi γε rificarla .

Pag. 95. Lin. 7. *E molte altre ferruccole* „ . Piccoli animali , piccolo fiere . Il Vocabolario scrive ferucole , io ho lasciato l' ortografia stessa del Codice .

... 95. ... 11. *Boccacini* „ . Sorta di panno o di tela di cui non trovo memoria .

... 95 ... 25. *E sempre senza calze e usatti* „ . Questi usatti usa pure il Boccacci , e significa stivaletti . Viene dal latino barbaro *hosa* originato dal Tedesco *hose* .

... 96. ... 24. *E sappiate che le sue gambe non hanno giunture nel ginocchio* „ Siegue l' autore una opinione volgare , che dalla grossezza delle gambe crede che l' Elefante non abbia giunture .

...101.... 7. *Ballatoj* „ . Cioè loggie che sporgono in fuori da' luoghi alti .

...102....24. *Fecela fare S. Elena Madre etc. benchè ella facessi fare tutte quelle del paganesimo* „ . Qui quel *benchè* sta per siccome , ed è tal modo usato dagli a tichi , ma è maniera sconcia ed inelegante .

...104.... 1. *Nella casa dove tornavamo* „ . Modo grazioso ed acconcio per significare ove c' intrattenevamo , ove più spesso stavamo etc.

...104....13. *E questo è che sono portate per certi colombi* „ . Quest' uso in Egitto è assai antico , come può vedersi negli Storici e ne' Viaggiatori .

...105....18 *A Calori del Monte Sinay* „ . I Calori sono così detti i Monaci Greci .

Pag. 107. Lin. 15. *Ch' avamo tolti* „. Più avanti trovasi ancora *sapavamo*. Questi mo-
di sono proprj del dialetto Sane-
se, ma pare che anche i Fiorentini antichi gli usassono, mentre
troviamo in Dante *salavamo* per
salivamo *e sapavamo* per sapeva-
mo, il Boccacci l'usa nelle novelle, ma in bocca di Sanesi.

... 108.... 6. *Hanno gli orecchj lunghi e pendenti come segùggj* „. Cioè bracchi.
Il Vocabolario spiega *Seguggio
spezie di bracco detto dal segui-
tar ch' e' fa lungamente la traccia
delle fiere.*

... 111.... 20. *Perchè erano venti cotanti di noi* „.
Cioè erano altrettanti di noi.

... 113.... 3. *Non sono mai studiati* „. Intende
non sono accostumati ad un pas-
so, cioè scozzonati.

... 114.... 25. *Che mettono certe taglie alle città
di Egitto, come usano in Italia le
Compagnie* „. Allude alle Compagnie di ventura, che sotto alcuni Capitani venturieri saccheggiavano nel Secolo XIV le terre delle
città d'Italia, ed obbligavano i popoli a riscattarsi dai loro sac-
cheggj.

... 116.... 1. *Havvi certe lamette* „. Cioè certi
piccoli ruscelli, metafora tolta
dal risplendere fa quell' acqua
come una piccola lama di ferro.

... 118.... 4. *i servigiali della Casa furono atare
metter dentro* „. Cioè i famiglj
del Convento ajutarono a mettere
dentro.

... 121.... 12. *Ed hannoci molino a secco e forno* „. Cioè molino che macina

Q 2

senz'acqua col mezzo delle bestie, o vento, o altro instromen-
to.

Pag.122.Lin. 8. *E con esso gli adacquano ed han-*
none gran mestiere „ E ne han-
no grand'arte.

...128.... 14. *Dura quest' erta dalle sette alle ot-*
to miglia della più repente „.
Cioe p ù ripida. Leggesi in Piet
Crescenzio *nè sì piano che l'ac-*
qua vi covi, nè sì repente che tut-
ta se ne esca.

...130.... 21. *Civaje* „. Cioè legumi, come ceci,
lenti, cicerchie e simili.

...133.... 2. *L'altra mattina ci partimo, e spun-*
tavamo in sult' ora della terza „.
Assai graziosamente detto per es-
primere che appena era l'ora di
terza.

...135.... 7. *E rimedimoci da lui ducati XII.* „
Cioè riscattamoci. Questo verbo
è usatissimo nelle storie di Giovanni Villani.

...137....23. *E basta uno lunare* „. Cioè dura
una luna.

...138.... 6. *Si ve' una faccia di fuori* „. Si vede una faccia di fuori.

...140.... 4. *Circa a una balestrata* „. Cioè ad
un tiro di balestra.

...143.... 6. *Che vestiva di porpora a bisso* „.
Cioè di tela di porpora. Fra Gior-
dano nelle prediche spiega cosa
intendevano per bisso i nostri antichi dicendo: *Imperocchè di quel*
lino si fa il bisso, che è panno
lino nobilissimo.

...145.... 6. *Perchè egli orassino e difendessono*
dalle tentazioni „. Gl'antichi usa-
no tal volta il verbo difendere senza gli affissi.

Pag. 147. Lin. 12. *Il quale fu comprato de' trenta danari di Giuda ebbe pel prezzo del
tradimento ,,.* Cioè ch' ebbe Giuda ; in alcuni si leggerebbe con
più eleganza *de' trenta danari ebbe Giuda* , come più innanzi si
trova : *metti 'l dito ne' fori de' chiavelli* cioè de' chiodi *hanno fatto
nelle mie mani.*

... 148. ... 5. *Allotta* ,, per allora usato pure dal
Boccacci nelle Novelle.

... 151. ... 18 *La quale sopragiudica* ,, . Cioè so-
pravanza l' altezza.

... 151. ... 21. *Ed oggi v' è un cassero afforzato
quasi a modo di opera* ,, . Vale a
dire vi è un ricinto di mura for-
tificato a guisa di una fabbrica.

... 153. ... 23. *Gli fanno questi usurarj cortesìa ,
recandosi sino ad ogni piccola
quantità* ,, . Cioè attaccandosi a
voler danaro per qualunque piccolo spazio di tempo.

... 154. ... 4. *Alle reggi del Santo Sepolcro* ,,
Cioè alle porte del Santo Sepol-
cro , detto assai antico e del quale ve ne ha molti esempj nel Vocabolario.

... 155. ... 19. *Cioè sopra quelle che non aveano
costura* ,, . Vale a dire cucitura.

... 158. ... 16. *Ch' e di lungi al battesimo circa
sei miglia* ,, . Cioè dal fiume Gior-
dano dove seguì il Battesimo di
Cristo.

... 159. ... 15. *E gli occhj soffornati nella testa ,
che parea la morte tant'era la sua
scurità* ,, Cioè cogli occhj in-
cassati nella testa che parea la
morte , tanta era la sua pallidez-
za , come si spiega in Pier Cre-

scenzio ,, *aggravano il capo e nu-*
tricano la scurità del viso.

Pag. 162. Lin. 11. *L'altra mattina ne andamo a Se-*
besten ,, . Questa è l' antica Se-
baste , in molti luoghi anche in
appresso l' autore pronunzia i nomi delle città a suo modo, il che
basta avvertire , essendo ad ognuno facile il riconoscerli.

... 164. ... 20. *E nel Ducato di quello da Piè di*
Luco ,, . Questo luogo è posto
nelle vicinanze di Rieti. L' auto-
re dice nel Ducato intendendo nel
Ducato di Spoleti, perchè in quel
Secolo riponevasi questo lago in
quella Provincia , come rilevasi dal
Dittamondo di Fazio degli Uberti.

> *Qui lascio la Toscana e 'l Te-*
> *ver passo*
> *Per trovare il Ducato di Spo-*
> *leti*
> *Con la mia guida che da me*
> *non lasso .*
> *E io vidi Ascesi , Foligno , e*
> *Rieti*
> *Narni , Terni , ed il lago cader*
> *bello .*

Canto LXX. Cod. Barb. N. 1545.

... 166. ... 18. *E rimidiarono certi uomini antichi* ,,
Cioè vecchj.

... 171. ... 23. *E in molte luogora le case* ,, . Cioè
in molti luoghi ; luogora per luo-
ghi , campora per campi sono detti usatissimi ne' Libri antichi.

... 172. ... 9. *Una cassa di ferro , la quale è ti-*
rata igualmente ,, . Ricorda qui
l' Editore una antica favola smen-
tita da' Viaggiatori moderni che
sono stati in quei luoghi.

Pag. 172. Lin. 16. *Che la maggior parte , ma quasi tutta è diserto* „ . Qui il *ma* vale *anzi* .

...173. ... 9. *La Terra è innanzi cara che nò* „. Cioè vi si vive piuttosto a caro prezzo .

...178. ... 12. *E se n'avea a gottare circa a cento cogna* „ . Il Vocabolario spiega misura di vino che in Firenze contiene dieci Barili

...178. ... 17. *Che ci spezzò le bonette delle vele* „ . Cioè le antenne .

...179. ... 13. *Che 'l padrone avea in certi bariglioni* „ . Cioè in certi barili ordinarj come sarebbono quegli s'usano per salumi ed altre robbe;

APPROVAZIONE.

È degno di somma commendazione il pensiero, che venne in mente al chiarissimo Sig. Guglielmo Manzi di pubblicare colle stampe il Viaggio di Lionardo di Niccolò Frescobaldi scritto con antica leggiadrissima eleganza e semplicita. Monta assai, che si divulghino dell' opere, nelle quali si ravvisi la purità dello stile non disgiunta dalla santità delle massime, e dallo spirito di Religione. Sarebbe parimente da desiderarsi, che gli scrittori del secolo d'oro della nostra favella avessero accoppiata alla schietta, ed amabile ingenuità de' loro racconti una critica illuminata, ed una maggiore accuratezza nell' osservare diligentemente le cose, delle quali favellano. Dobbiamo però saper grado a que' pii viaggiatori, che con inimitabile candore descrivono non solo le leggi, e le costumanze diverse de' Popoli, appresso de' quali pellegrinarono, ma fanno altresì scorgere, quanto ovunque si apprezzasse tutto ciò, che ha rapporto alla Religione.

La divozione, che mosse fino da' primi secoli del cristianesimo molti fedeli di andar pellegrinando a' Luoghi Santi, crebbe assai, e si rese più comune dopo le crociate. Siccome la pietà era quella, che loro inspirava d'intraprender sì lunghi, e disastrosi viaggi, così le ricerche di questi miravano soprattutto ad indagare ciò, che poteva soddis-

194

fare la loro divozione, ed appagare la pia loro curiosità. È quindi ben verisimile, che agli stessi accadesse ciò, che avviene anche a' giorni nostri, e volenterosi avranno prestato orecchio a quanto di prodigioso sapevano narrar loro le Guide di quei paesi.

Le proibizioni delle leggende de' Santi apocrife del Pontefice S. Gelasio, e quelle de' Padri del Concilio di Trullo non poterono arrestare il cattivo gusto, che parer fece ad alcuni de' nostri buoni vecchj, che la semplicità degli atti originali potesse venir animata dall' eloquenza. Un sì strano divisamento è forse una delle principali cause, per le quali dobbiamo pianger la perdita irreparabile degli atti veridici de' più celebri Martiri della Chiesa. Gli scrittori nel compilare le vite de' Santi credettero rendere un maggiore onore ai medesimi, sostituendo all'antica semplicità de' fatti straordinarj elegantemente esposti. Il popolo ne' secoli d' ignoranza cominciò a tener per certo quanto da que' biografi si raccontava, ed una dubbia fama col correr degli anni divenne certezza appresso del volgo. Introdottasi una volta una tal libertà, ognuno credeva di poter aggiugnere a piacimento, quanto gli suggeriva una mal regolata divozione. Ed ecco il perchè si osservano anche tante variazioni ne' leggendarj, che forse servivano alla stessa Chiesa, come avvertì il P. Allegranza ,, Opusc. Erud. Relaz: dell' antica Chiesa, e Battisterio di Galliano. Non dee quindi far meraviglia, se altri tra gli scrittori alcuna cosa tralasciarono, altri aggiunsero quel che sembrava ad essi più verisimile e meraviglioso, ed altri v'intromissero perfino delle frivolezze, come si scorge nel Menologio di Basilio. Questo pessimo gusto essendosi reso universale, fece dimenticare gli antichi atti sinceri, e non essendo questi letti, non furono dagli amanuensi copiati; ed a poco a poco perirono. *Morcelli Kalend. Const. t. 2. pag.* 89. La perdita dell' antiche memorie fece creder vero, quanto leggevasi in queste nuove compilazioni, ed anche i popoli d'Occidente accolsero queste piacevoli, e favolose narrazioni forse anche prima che fossero tradotte le interpolate vite di Simone Metafraste, se è vero, che le pitture di Galliano sieno a queste anteriori. Un tale trasporto piegò il popolo a creder vero ciò, che non aveva per principio che una vaga e popolar tradizione, ed a ricever come fatti autentici le illusioni degli scrittori. Non dee quindi far sorpresa, se il nostro Lionardo tali e tante cose narra intorno alle Reliquie e miracoli, che una sana critica avrebbe meglio esaminati, ed alli quali il giudizioso lettore presterà quella fede, che può meritarsi l'autor del viaggio, ed avendo sempre presenti i Decreti del Sommo Pontefice Urbano VIII.

Sono di parere che sarà utile la pubblicazione di un tal viaggio per fare iscorgere al lettore, quanto una volta in quei paesi fossero numerose le Chiese de' Cristiani, come

196

già avvertirono il Lequien, Sales, e Pocock;
ma ancora in quanta grande venerazione fossero alcuni Santi appresso que' popoli. Onde
io stimo che possa riuscir utilissima la pubblicazione di questo viaggio, ed opportuna per
conoscere lo stato della Religione Cristiana
in Oriente nel Secolo XIV.
Minerva. Roma 20. Aprile 1817.

*Fr. Giuseppe Vincenzo Airenti de' Pre-
dicatori Maestro di Sacra Teologìa,
Teologo Casanat., e Bibliotecario Ono-
rario della Reale Università di Genova etc.*

ERRORI OCCORSI NELLO STAMPARE.

PAG LIN.	ERRORI.	CORREZIONI.
13. 16.	*del detto Secolo XVI.*	*del detto Secolo XIV.*
65. 9.	e giungemo a Venezia	e giugnemo a Vinegia .
65. 21.	ed hannovi i Vineziani	ed hannovi i Viniziani.
66. 21.	ma quando i Veneziani	ma quando i Viniziani.

La presente Edizione è stata corretta
e riveduta dall' Editore .

IN ROMA

PRESSO CARLO MORDACCHINI

1818.

IMPRIMATUR

Si videbitur Reverendiss. P. Sac. Pal. Apost.
Magist.

*Candidus M. Frattini Archiep. Philipp.
Vicesgerens .*

IMPRIMATUR

Fr. Thomas Joseph Onorj Ord. Praed. Exam.
Cleri , et Reverendissimi Pat. S. Pal. Apost.
Magistri Socius .

For EU product safety concerns, contact us at Calle de José Abascal, 56–1°,
28003 Madrid, Spain or eugpsr@cambridge.org.

www.ingramcontent.com/pod-product-compliance
Ingram Content Group UK Ltd.
Pitfield, Milton Keynes, MK11 3LW, UK
UKHW012347130625
459647UK00009B/610